スティーブ・ジョブズ名語録

人生に革命を起こす96の言葉

桑原晃弥

PHP文庫

JN264031

○本表紙図柄＝ロゼッタ・ストーン（大英博物館蔵）
○本表紙デザイン＋紋章＝上田晃郷

はじめに

「スティーブ・ジョブズって技術者なの？　経営者なの？　よくわからないのに、なぜカリスマなんだ」

そんな目で見直すと、ジョブズの特質が逆によくわかると思う。確かにジョブズは技術者ではなく、天才経営者ですらないからだ。

アップルを創業したが、技術は共同創業者スティーブ・ウォズニアックの天与の才にお任せだった。お金は年長の成功者マイク・マークラに出してもらった。経営はペプシコーラ社長だったジョン・スカリーがレールを敷いた。

ピクサー創業もそうだ。技術はＣＧの開拓者エド・キャットムルが担い、資金やマーケティングは巨大企業ディズニーが支えた。制作はＣＧ映画の天才ジョン・ラセターに丸投げと言っていい。

だが、そんなジョブズに、すぐれたライバル企業が先を越され続けているのだ。

たとえばｉＰｏｄは、ソニーかコンパックがつくってもおかしくなかった。

ソニーは、ジョブズが「ｉＰｏｄは二十一世紀のウォークマンだ」と認めるウォークマンを発明した会社だ。コンパックは、iPodの先駆的製品「パーソナル・ジュークボックス」の開発会社DECを買収している。「本当はコンパックがあれ(iPod)をつくっていたはずなのにと歯がみしたもんだよ」と元DEC研究者テッド・ウォーバーが悔しがっている。ソニーの技術者も同様ではないだろうか。

パソコンの名機マッキントッシュもそうだ。盛り込まれた革新的機能の多くは、ゼロックスのパロアルト研究所が開発したものだった。しかしゼロックス自身は、ついに技術を製品として結実できなかった。

なぜだろう。

エド・キャットムルが、ピクサー創業以前、資金と器材、優秀な人材に恵まれた場にいたのに、ジョブズと出会うまではすぐれた長編アニメーションがどうしてもつくれなかったことを振り返って、こう言っている。

「金だけでもダメ、技術の才能だけでもダメ、とびきりの器材だけでもダメ」

ジョブズ自身は、独創の秘密をこう語っている。

「多くの企業は、すぐれた技術者や頭の切れる人材を大量に抱えている。でも最終的には、それを束ねる重力のようなものが必要になる」

重力とは、才能や能力というより、生き方だと言っていいだろう。

ジョブズは、技術や経営の能力はなくても、時に暴君、時に救世主として君臨し、敗残にも絶対屈しない。そんな生き方によって人を惹《ひ》き付け、知恵と情熱を引き出し、技術と資金と人材を、足し算ではなく、かけ算にして世界を変えてしまえる人間なのだ。だから、カリスマなのである。

＊

私はこれまで、日本のモノづくりの現場を数多く取材してきた。そして、トヨタ生産方式などのすぐれたシステムを持ち、人材も優秀であるのに、モノづくりの力が弱くなった日本の現実に直面してきた。

それをしり目に、ジョブズはｉＰｏｄ、ｉＰｈｏｎｅ、ｉＰａｄといった世界的ヒットを次々と出している。ソフト面でも、ｉＴｕｎｅｓや、ピクサーの『トイ・ストーリー』『ファインディング・ニモ』『ウォーリー』といったすごい世界を開拓している。

両者を見ると、日本企業には大切な何かが欠けているように思えてならない。それが「重力」であり「生き方」ではないだろうか。

日本でイノベーションが起きにくくなったのは、才能の問題ではなく、生き方の問題と言える。混迷の時代、私たちがジョブズから学ぶべきは、そこではないだろうか。生き方を変えれば、彼ほどの革命を起せなくとも、日々の生活のなかで自分なりの小さな革命を起すことはできるはずだ。

本書は、まだ成功が約束されていなかった二十代前半から、アップル追放を経て復帰、成功者になった現代に至るまでのジョブズの言葉をたくさん収録した。彼の生き方がおのずから浮き彫りになっているはずだ。

ジョブズは、経済誌「フォーチュン」によって「過去十年間で最高の経営者」に選ばれた人物ではあるが、私たちと同じように、いやそれ以上に過激な振幅で何度も挫折《ざせつ》している。どう挫折を乗り越え、不安を自信に変えていったのかを発見していただきたい。

生きづらい時代だ。仕事でつまずいたり、気持ちが暗くなることも多いだろう。そんなときだからこそ、ジョブズの言葉から生きる力を得ていただければ幸いだ。

桑原晃弥《くわばらてるや》

◎ジョブズ小史

一九五五　米国カリフォルニア州サンフランシスコで誕生
ビル・ゲイツがワシントン州シアトルで誕生
一九七一　スティーブ・ウォズニアックと出会う
一九七二　オレゴン州リード大学に進学するが、すぐに退学
一九七四　ゲームメーカー、アタリの社員になる
一九七五　ビル・ゲイツがマイクロソフトを創業
一九七六　アップルを創業。「アップルⅠ」発売
一九七七　アップル社長にマイク・スコット。「アップルⅡ」発売。爆発的人気
一九七九　ゼロックスのパロアルト研究所を見学し、多くの発想を得る
一九八〇　アップルが株式を公開、億万長者となる
マッキントッシュプロジェクトを指揮
一九八一　アップル暫定社長にマイク・マークラ
ＩＢＭがパソコンＩＢＭ ＰＣを発売

一九八二　NECがPC-9800シリーズを発売、長く日本の定番機種となる
一九八三　**アップル社長にジョン・スカリー**
一九八四　**「マッキントッシュ」発売。CM「1984」発表**
一九八五　**アップルを追放され、ネクストを創業**
一九八六　**ジョージ・ルーカスからピクサーを買収**
一九八九　**短編アニメ『ティン・トイ』がアカデミー短編アニメ賞受賞**
一九九一　**結婚。ピクサーとディズニーが契約**
　　　　　アップルがIBMと提携する
一九九三　アップル社長にマイケル・スピンドラー
一九九五　**『トイ・ストーリー』が大ヒット。ピクサーが株式を公開、富豪となる**
　　　　　マイクロソフトがウィンドウズ95発売
一九九六　**アップルに特任顧問として復帰**
一九九七　**アップルの暫定CEOに復活。マイクロソフトと業務提携**
一九九八　**「iMac」発売。大ブームになる**
　　　　　マイクロソフトがウィンドウズ98発売

エリック・シュミットらがグーグルを創業
二〇〇〇　アップル暫定CEOから正式CEOに就任
二〇〇一　「iPod」発売
二〇〇二　iPodウィンドウズ版発売
二〇〇三　「iチューンズ・ミュージック・ストア（現iTunes）」開始
『ファインディング・ニモ』が世界的ヒット
二〇〇四　膵臓《すいぞう》がんの摘出手術
二〇〇五　米国スタンフォード大学卒業式で記念スピーチ
二〇〇六　ディズニーがピクサー買収。ジョブズがディズニーの筆頭株主取締役に
二〇〇七　「iPhone」発売。iPodの累計出荷台数が一億台を超える
二〇〇八　iPhone 3Gが三日間で一〇〇万台販売
ビル・ゲイツ引退
二〇〇九　半年以上の病気療養から復帰
二〇一〇　「iPad」発売、爆発的人気。iPhone 4G発売
アップルの株式時価総額がマイクロソフトを抜き、全米で二位となる

スティーブ・ジョブズ名語録◎目次

第1章　ジョブズ「発想のセオリー」を語る

第2章　ジョブズ「負けない生き方」を語る

第3章　ジョブズ「すごい口説き文句」を語る

第4章 ジョブズ「心の幸福論」を語る

第5章 ジョブズ「バカと賢者の差」を語る

第7章　ジョブズ「人が動く一言」を語る

第1章

ジョブズ「発想のセオリー」を語る

オーケー、
誰も助けてくれないなら
自分たちでやるまでだ。

スティーブ・ジョブズは、これはと見込んだプロ中のプロを、一人、また一人と口説いては自分のために仕事をさせるのが得意だった。才能を集めて二〇〇パーセントの出力をさせるという発想だ。

しかし、時にはジョブズの誘いを拒否する者もいる。その一つが、ゼロックス・パロアルト研究所の出身者たちがつくったソフトウエア会社アドビだ。

ジョブズは、自分が創業したアップルを一九八五年に追放されている。九八年に暫定ＣＥＯ（最高経営責任者）として復活、二〇〇〇年にパソコンの名機マッキントッシュ（マック）を一新したｉＭａｃを成功させ、経営危機に瀕《ひん》していたアップルを復活へと導いた。その歩みを確実にしようと、ソフトウエアの製作をアドビに依頼したのだ。拒否されたら、普通は他業者を探すところだが、ジョブズは発想を「自力」に転じた。

「昔からＭａｃを支えてくれていただけに、我々はショックを受けた。でも、それで腹が据《す》わった。『オーケー、誰も助けてくれないなら自分たちでやるまでだ』」

やがて自社製のｉＰｈｏｔｏ、ｉＭｏｖｉｅなどが生まれ、ｉＰｏｄの成功もあり、アップルは新しいデジタル・ライフスタイルの中心的企業へと変身していく。

好んでやまない言葉を紹介する。

「自分が行く先は
パックがくるポイントであり、
パックがあった場所ではない」

ジョブズの発想の一つに、消費者自身も自覚していない欲望をいち早く製品という具体的な形にしてみせ、流行を生むことがあげられる。欲望の行く手を読み、大胆なイノベーションで洗練されたスタイルを世に出すことで、アップルはIT業界の最前線に立ち続けてきた。

ジョブズはそれを、こういう言葉で語っている。

「私が好んでやまないウェイン・グレッツキーの言葉をご紹介します。『私が滑り込んでいく先はパックが向かってくるポイントであり、パックがあったところではない』。アップルも同じことをつねに試みてきました。誕生のごくごく初期のころからそうでした。そして、これからもそれに変わりはありません」

ウェイン・グレツキーは、天才的な妙技で十代のころから多くの記録を塗り替えてきた伝説のプロアイスホッケー選手だ。引退後も「グレート・ワン」の愛称でファンから慕われ続けている。

敵味方が激しくパックを争奪するアイスホッケーは、試合展開がめまぐるしく、時に乱闘にもなる荒々しい競技だ。パックの動きを瞬速で判断して先手を取る。それは、ジョブズの経営判断と市場判断にもぴったり通じるのだろう。

何が起こるかを
ぴたりと当てることはできない。
しかし、どこへ向かっているかを
感じることはできる。

ジョブズは、未来を見通す新製品を次々と送り出してきた。

アップルⅡはパソコン時代の幕を開け、マッキントッシュはその後のコンピュータの流れを決めた。MP3プレーヤーの分野にiPodを、スマートフォンの分野にiPhoneを誕生させた。iPadも同様だろう。アップル追放中に創業したピクサーで『トイ・ストーリー』などコンピュータ・グラフィックス（CG）による長編アニメーション映画という分野を確立もした。

ジョブズは予言者なのだろうか。こう語っている。

「何が起こるかをぴたりと当てることはできない。しかし、我々がどこへ向かっているかを感じることはできる。それにはけっこうな精度がある」

ゼロックス・パロアルト研究所は、現在のパソコンの祖型を示すなど、コンピュータ・サイエンスに大きな足跡を残した。ジョブズは、一九七九年に訪問したとき、即座に、これこそコンピュータの未来だと感じ取っている。

「製品化するのに何年かかるとか、業界のどの会社が勝ってどの会社が負けるとかいったことでは異論も出るだろう。だが、頭のある人間なら、いつの日にか、どのコンピュータもこうなるだろうってことには異論を唱えたりしないと思う」

アップルがやらないと、どこもやらない。
だから僕はここにいるんだ。

アップルに復活したジョブズが見たのは、自分が不在の十年間余り、何の進歩もしていないマックだった。ジョブズはこう評した。九七年にアップルはライバルのマイクロソフトを大きくリードしていたが、その後何十億ドルもの研究開発費をかけても、マックは二五パーセントしか変わらなかった、と。

コンピュータ業界自体も、創造をやめてしまったかのようだった。

「三〇〇メガヘルツは二〇〇メガヘルツよりすぐれているとか、六ギガバイトは四ギガバイトよりすぐれているという話ばっかりだ。コンピューティングにはもっといろんなことがあるのに。コンパックとデルはインテルとマイクロソフトから部品をもらい、それを組み合わせてまったく面白みのない箱に入れて出荷する。彼らはコンピュータ・メーカーでさえない」

ジョブズは「本当にすばらしいコンピュータ」をつくることを目ざした。

「世界が少しましなのは、アップルがあるからだ。だから僕はここにいるんだ。誰かがいいコンピュータをつくらないとね。アップルがやらないと、おそらくどこもやらないだろう」

こうしてつくられたiＭａｃは、一年余りで二百万台を売る大成功を収めた。

コンピュータに進んだのは、
やってる人が
ほとんどいない領域だったからだ。

ジョブズは、スティーブ・ウォズニアックとアップルを創業した一九七六年から十年足らずの間に、アップルⅡ、マッキントッシュという画期的な製品を生み出している。二人のもとに、コンピュータ関係の最良の才能の持ち主たちが集まり始めた。彼らはなぜコンピュータに魅せられたのか。ジョブズはこう話している。

「彼らがコンピュータに進んだのは、あまりに魅力的だったからだ。コンピュータは生まれたて同然で、やっている人が、まだほとんどいない領域だった」

時代を先んじてつくる発想が、ここにもうかがえる。さらにこう続けている。

「創造的な才能の持ち主にとっては、新しい表現媒体《ばいたい》だったのさ。だから、コンピュータに注ぎ込まれた気持ちと情熱は、たとえば詩を書くことや絵を描くことに費やされるそれと、まったく区別がつかなかった」

アーティスト（芸術家）の才能を持つ人たちが創造力を注いでつくりあげたものがたまたまパーソナル・コンピュータという製品だっただけのことで、それは彼らの芸術作品なのだというのが、ジョブズのもう一つの発想なのである。

ウォズニアックもこう言っている。

「最高の発明家とか技術者っていうのは、実はアーティストなんだ」

何をほしいかなんて、
それを見せられるまでわからない。

ジョブズは技術者でもデザイナーでもない。しかし、ベクトルを指し示す能力は群を抜いている。その能力は「自分がほしいものをつくればいい」という発想に支えられている。

だから、フィールドテストやマーケットテストなどの事前調査をせず、自分の直感とマーケティング感覚で製品開発を進める。それを評して、アップルの古参社員でマーケティング担当役員も務めたマイク・マレーは「スティーブは、毎朝、鏡に映った自分を見て市場調査をしていた」と言っている。

初期のマッキントッシュが製品として優秀でも市場で失敗したのは「そのせいだ」が、ｉＭａｃやｉＰｏｄが成功したのは「そのおかげだ」と言われる。世界にまだないものをつくることを重んじるジョブズは、新製品開発段階での市場調査はさほど重視しない。ｉＰｏｄに関しても、業界トレンドなどを注意深くウォッチしていると断ったうえで、こう言っている。

「これだけ込み入った製品の場合、フォーカスグループをもとに設計するのはとても難しい。自分が何をほしいかなんて、それを見せられるまでわからないことが多いものだ」

どんなマーケティングでも、
駄作をヒットさせることはできない。

ジョブズが率いるピクサーの主要作品はウォルト・ディズニー・カンパニーとの共同制作でつくられ、配給や販促、さらに資金面で大きく助けられてきた。だが、ピクサーが力をつけると、ジョブズはまだ契約期間中の二〇〇三年に、ディズニーと強引に新契約の交渉に入る。

しかも翌年にはいったん交渉を打ち切っている。そして、ディズニー作品のクリエイティブ面での失敗を「ピクサーとディズニーの最新映画三本ずつを比べてみれば、クリエイティブな面でどれほどの違いがあるかわかるはずだ」とこきおろし、ディズニーのマーケティング力を認めながらも、こう指摘した。

「どんなマーケティングでも、駄作をヒットさせることはできないからね」

ジョブズは、過去にディズニーがすばらしい作品を生み出してきたことは十分に認めている。だが同時に、ピクサーの作品は「ウォルト・ディズニーが五十年前に『白雪姫』を公開して以来のアニメの大躍進だ」という強い自負を持っていた。クリエイティブの覇者《はしゃ》はディズニーからピクサーに移ったと宣言したのだ。

二〇〇六年、ディズニーはピクサーを買収し、ジョブズはディズニーの個人筆頭株主になった。

数字なんて、どうにでも料理できる。
信じれば、だまされてしまう。

アップルは、他社の後追いを嫌悪する会社だ。どこにもない製品をつくる独創にひたすら力を注ぐ。リスクを恐れず挑戦し続けるには、新製品のことをいちばんよくわかっている自分の勘と経験を信じるべきだと、こう言っている。

「グラハム・ベルが電話を発明したとき、市場調査をしたと思うかい？　するわけないじゃないか」

「グラフィックベースのコンピュータが何か知らない人に、グラフィックベースのコンピュータはどうあるべきかを訊《き》くなんて、どだい無理な話だ。誰も見たことがないんだから」

マッキントッシュの価格設定会議でもそうだった。経理部長が、価格と売り上げの関係について、資料をもとにグラフを描き、カーブを示した。ジョブズは最初は説明を聞いていたが、しばらくして続けざまにこう言った。

「数字なんて、どこからでも持ってこれるし、どうにでも料理できる。カーブなんて、まったくたわ言だ。そんなものを信じれば、だまされてしまう」

「これまでの経験と勘を生かして、望ましい収益率を出すことになるんだ」

「グラフなんかで、わけのわからない世界に僕らを引きずり込まないでくれ」

腰を下ろして休むことは絶対にすすめられない。

成功を収めた人間には二つの道がある。成功に安んじ、満足するか、さらなる成功を求めて闘い続けるかだ。

ジョブズはまぎれもなく闘い続けるタイプである。

『トイ・ストーリー』『バグズ・ライフ』の二本のCG映画を大ヒットさせたピクサーの株式公開でビリオネア（大富豪）となり、追放されたアップルにも復帰したジョブズは、「両社で起こっているできごとにスリルを味わっている」としながらも、現状に満足しなかった。ウォルト・ディズニーの「我々の値打ちは次回作で決まる」という言葉を引用し、こう言葉を続けている。

「だからピクサー、そしてアップルでは、腰を下ろして休むことは絶対にすすめられない」

曽我《そが》弘《ひろむ》氏は、二〇〇一年に経営するDVD編集ソフト開発会社をアップルに売却したとき、ジョブズに「ソガさん、あなたの次のチャレンジは？」と聞かれている。「少し休みたいな」と答えると、ジョブズは、「少し休んで考える？　それも悪くないな」と言ったという。少し休むのはいい。発想のリフレッシュにもなる。だが、腰を下ろしてはいけないのだ。すぐに時代に追いつかれてしまう。

次にどんな夢を描けるか、
それがいつも重要だ。

ジョブズの発想の根には「夢」がある。たわいない夢想ではない。ジョブズの夢とは、自分の一生を賭《か》けるほどのビジョンを指す。その夢をはぐくみ、実現させる自由の地こそアップルなのだ。

「僕たちは自分たちが描いたビジョンに賭けている。よそと同じようなものをつくるぐらいなら、自分たちのビジョンに賭け続けていたい。誰もがつくれるようなしろものは、ほかの会社につくらせておけばいい。次にどんな夢を描けるか、僕たちにとってはそれがいつも重要なのだ」

「つねに次を考え続けなければいけない」

ジョブズの宿敵ビル・ゲイツは、結局はウィンドウズをあれこれ改良して売ることで儲けた会社だとも言える。それに対してアップルは、改良ではなくまったく新しい製品を出すことに賭けてきた。

そこでは「あれが売れたから」と過去の数字から現在を見てもさほどの意味はない。もう変わらない過去より、これからどう変わるかという自由な発想が大切だ。

特に草創期のアップルでは、お金や生活の安定という現実的な問題は二の次だった。夢という通貨で何でも買えたのである。

私たちのゴールは、
いつまでにではない。
最良の製品を生み出すのがゴールなのだ。

ゴールをどこに設定するかは、仕事や人生という長い闘いにおいては、やがて大きな差となって現れる。

ジョブズは、アップル復帰の翌年のマック・ワールドエキスポ（アップル製品の発表イベント）で基調演説の後、「危なく忘れるところだった。儲かってるよ」とつけ加えた。死にゆく会社だと見られていたアップルが、復活に向かっていることを宣言した言葉だった。

だがジョブズは、ゴールはもっと別のところにあると考えていた。

九八年、ある会議に出席したジョブズに聴衆からこんな質問が出た。

「いつになったら、アップルは完全に復活したと感じられるんでしょう？」

「私たちのゴールは、いついつまでにアップルの経営を改善する、というものではありません。世に送り出されるのを待っているようなすぐれた製品を生み出すのが、私たちのゴールです。最良の製品を生み出すのがゴールなのです」

業績の回復は長い道のりの一里塚にすぎなかった。回復したかという判断も第三者に任せておけばよかった。アップルのあらゆる発想は「世の中にないものをつくる」「最良の製品を生み出す」ことから始まらなければならなかった。

また会社を賭けることにしよう。

アメリカには、イチかバチかを尊ぶ文化があるという。一九八四年のクリスマスシーズンに際し、ジョブズと、彼がペプシコーラ事業担当社長からアップルCEOに招いたジョン・スカリーも、そんな勝負に出た。

アップルは、社運を賭けた歴史的なテレビCM「1984」の大成功によって、一夜で知名度が上がり、マッキントッシュの販売も順調に伸びていた。そこでスカリーは、次の大勝負を提案した。クリスマスシーズン中に販売攻勢をかけ、四半期だけで十億ドルを売り上げるとしたのだ。アップルが前年一年間に上げた数字を三カ月で達成するというすさまじい数字だった。

だが、問題があった。そのためには一億ドル以上の資金繰りが必要だったのだ。会社が保有する現金の三分の二に相当した。この賭けに、ジョブズは答えた。

「よし、そうしよう。また会社を賭けることにしよう」

結果は惨憺《さんたん》たるものだった。販売代理店は一カ月分以上の在庫を抱えて立ち往生し、アップルは事実上の出荷停止に追い込まれたのだ。しかし、これがなければジョブズのアップル追放はなかったかもしれず、それがなければiMacもiPodも、iPhoneも『トイ・ストーリー』も生まれていなかっただろう。

最善とは言えない状況でやった仕事に、
いちばん誇りを感じる。

ジョブズを映画界のトップランナーに押し上げたのは『トイ・ストーリー』だ。ピクサーとディズニーが一九九一年に契約を結び、その四年後に公開した。アニメ映画の制作には、そのくらいの期間が必要なのだ。

ところが、『トイ・ストーリー2』は、わずか九カ月で制作されている。なぜ、そんなことができたのだろう。

『トイ・ストーリー2』は当初ビデオ用作品として制作されていたが、試写を見たディズニー幹部が感銘を受けて劇場公開を提案し、ジョブズが了承したのだ。劇場公開には素材の追加などが必要になる。時間不足を心配した共同監督リー・アンクリッチは、ジョブズに公開日延期を申し入れた。すると、こう言われた。

「自分のキャリアを振り返ると、こうした状況、最善とは言えない状況でやった仕事に、いちばん誇りを感じるんだ」

結果は『トイ・ストーリー』の興行成績を塗り替え、ピクサーは『バグズ・ライフ』を加え、三年連続で三本の映画を大成功させることとなった。

ジョブズには「待つ」発想はあまりない。「待たずにやる」のが彼の成功法だ。たとえそれが最悪の状況下であっても、前に進むのがジョブズなのだ。

急いでできそこないを発表するよりは、
期日を遅らせる。
しかし、予定を遅らせるつもりはない。

マッキントッシュ開発チームの合宿で、ジョブズはメンバーをこう激励した。

「この事業部は、アップルを背負って立つ中枢部門《ちゆうすう》だ。最高の人材を集めて、ほとんど誰もがまだやったことのないことを、やり遂げなければならない。わが事業部は、まだ製品と言えるものを出荷していないが、それを成し遂げるのだ」

そして三つのスローガンを掲げた。

「出荷されるまでは、仕事は終わっていない」

「妥協するな」

「苦労というものは、した甲斐《かい》がある」

発売予定日については、こう念を押した。

「急いでできそこないを発表するよりは、期日を遅らせるほうがまだましだ。しかし、予定を遅らせるつもりはない」

もっとも実際には、当初十二カ月でつくる予定だったのが延び、発売は一九八二年十月に変わり、さらに最終的には八四年となった。ジョブズには、スピードに執着し、「何が何でも!」という強行突破の傾向が強いが、半面で「できそこないを発表するつもりはない」というこだわりとのバランスも巧みにとっているようだ。

アップルが勝つには
マイクロソフトが負けなければ、
という視点を乗り越えなければならない。

ジャーナリストのジェフリー・ヤングは、ジョブズを「彼のすごいところは、弱点を克服するためにはたとえ敵とでさえ組むことだ。敵と組んでても、自分のやりたいことをやり遂げる」と評したが、その典型が、アップルとマイクロソフトとの電撃的な提携だった。

アップルやマックファンにとって、ビル・ゲイツ率いるマイクロソフトは打倒すべき悪の帝国だった。ジョブズ自身、マイクロソフトは独自性がないと罵倒《ばとう》していた。さらにジョブズ追放三年後の一九八八年、アップルは著作権侵害でマイクロソフトを提訴している（九五年に敗訴）。

ところが九七年、アップルに復帰したジョブズは突然「アップルとマイクロソフトが争う時代は終わった」と提携を発表し、マイクロソフトから投資を引き出して長年の懸案事項も解決した。この発表はウォール街では歓迎されたが、マックファンからはブーイングで迎えられた。しかし、ジョブズは平然とこう言ったという。

「アップルが勝つためには、マイクロソフトが負けなければならないという視点を乗り越えなければいけない」

「パソコン市場で二人しかいないプレーヤーが協力し合わないなんて馬鹿げてる」

▼ジョブズ・エポックⅠ　草創期の女性たち

「アップルはガレージから始まった」といわれるが、最初の仕事場は、ウォズニアックのアパートだったようだ。

しかし、ほどなく移転を余儀なくされる。ウォズニアックの妻アリスが怒ったためだ。新婚ほやほやなのに、夫は会社に時間をとられたうえ、食堂のテーブルには見知らぬ部品が山積みされていくのだ。ムリはなかった。

次にジョブズの自宅が仕事場になった。妹パティと自分の二部屋だ。

結婚して妊娠中だったパティが、兄の仕事を安い賃金で手伝ってくれた。彼女はソファでテレビを見ながら作業するので、面白い番組になると仕事が遅滞するのだった。

ここが手狭になってから、アップルは初めてガレージに移る。ジョブズの母クララが掃除係兼電話番兼人間関係調整役になってくれた。身ごもったのに夫ウォズニアックからろくに構ってもらえないアリスから涙声の電話がかかると、クララが慰めるのだった。

ジョブズは若いころインドで瞑想《めいそう》修行をしているが、アップルの基礎が固まり始めても「日本に行って禅の修行をしたい」と思っていたようだ。鈴木《すずき》大拙《だいせつ》の弟子コビン・チーノーと、二人の共通の知人女性ナンシー・ロジャーズが相談相手になった。彼女らの助言でジョブズは坐禅より事業を選び、アップルは急速にテイクオフしていく。のちにジョブズは「日本行き中止を決めるのは、ほんとうにたいへんな決断だった」と言っている。

第2章

ジョブズ「負けない生き方」を語る

歳をとればとるほど、動機こそが大切だという確信が深まる。

スティーブ・ジョブズの人生は、決して順調そのものではなかった。まず、自分が創業したアップルから追放され「全米で最も有名な敗北者」になった。追放中に創業した新会社ネクストは倒産寸前になったし、もう一つの新会社ピクサーはたいへんな金食い虫で、ジョブズ自身「ピクサー維持にいくらかかるか気づいていたら、この会社を買収していたかどうか」と述懐している。さらにｉＰｏｄは当初「高価なだけ」と酷評されたし、ｉＰｈｏｎｅも大手通信会社の壁に直面している。

それらを乗り越えて、「過去十年間で最高のＣＥＯ」（経済誌「フォーブズ」二〇〇九年選定）になれたのは、仕事の目的がお金や名誉ではなく、革新であったからだと思える。ジョブズはヒューレット・パッカードの創業者ビル・ヒューレット、デービッド・パッカードを若いころのロールモデル（成功規範）としているが、理由は彼らの目標がアップルと同じだったからだ。こう言っている。

「歳をとればとるほど、動機こそが大切なのだという確信が深まる。ヒューレット・パッカードの第一の目標はすぐれた製品をつくることだった。私たちアップルの第一の目標は世界一のパソコンをつくることだ。最も大きな企業になることでも、最も金持ちの企業になることでもない」

お金が目当てで会社を始めて、成功させた人は見たことがない。

アップルで初代マッキントッシュの開発を担当者したアンディ・ハーツフェルドが、ジョブズとビル・ゲイツの仕事観の違いを比較してこう言ったことがある。

「市場の革新という点ではスティーブのほうがビルより上だ。スティーブはつねに最前線で働くが、ビルは基本的に追随者。スティーブにとって大事なのは非常識なほどすばらしい何かをやり遂げることだが、ビルにとって大事なのは金を稼ぐことなんだ」

確かにジョブズにとって、最重要なのは金や名誉ではない。才能ある人を集めて組織し、時にはあざとく飴《あめ》とムチを使い分けて目標に駆り立て、革新的な成功を導き出していくことが重要だ。儲《もう》けた金は夢実現の手段になるのにすぎない。夢を追うことに貪欲《どんよく》ではあるが、金に対しては強欲ではない。こう言っている。

「時々、会社を起こしたいという人が相談にくる。理由を尋ねると、『金儲けがしたい』と答える。こういう人には、やめたほうがいいとアドバイスする。お金が目当てで会社を始めて、成功させた人は見たことがない。まず必要なのは、世界に自分のアイデアを広めたいという思いなのだ。それを実現するために会社を立ち上げるのだ」

その瞬間、
人生で最もすばらしい経験を
放棄しているかもしれない。

会社を起こし、経営するのは楽しいことばかりではない。社員を解雇するといったつらい現実に直面するかもしれない。ジョブズによると、そんなときにこそ経営者の真価が問われるし、大金を得るために会社を売るとしたら、

「その瞬間、ひょっとしたら自分の人生で最もすばらしい経験をみすみす放棄しているのかもしれない」

と言い、すばらしい経験をさせてくれる会社というものに深い愛情を示す。

「やりがいというのは、会社を興したり、株式を公開するときだけに感じるものではない。創業というのは親になることと同じ経験だ。子どもが生まれたときはそりゃあメチャメチャうれしいだろう。でも、親としての本当の喜びは、自分の子どもとともに人生を歩み、その成長を助けることだと思う」

「僕の目標は、魂《ソウル》を持ち合わせた百億ドル企業になることだ」

マイク・マークラは、創業直後から、「五年以内にアップルは『フォーチュン500』（雑誌「フォーチュン」が年一回発表する全米上位企業五百社）の仲間入りができるはずだ」と確信して、投資、事業計画の策定、融資の個人保証などに深く関わっていくが、それもジョブズの愛情を直感してのことだったかもしれない。

イエスではなくノーと言うことだ。

ジョブズの成功法の一つは、徹底した「選択と集中」である。

企業はどれだけ多様な製品を持っていても、マーケットリーダーと呼ばれるものがなければ市場で優位に立てない。人も同じだ。器用貧乏より、一つのコアコンピタンス（核となる強み）が要求される。競争力のない製品や能力にはこだわらず、強みに集中することである。

ジョブズが復帰したとき、アップルにはおよそ四十種類もの製品があったが、これという製品はほとんどなかった。これでは勝てないし、利益も生まれない。選択と集中を考えたジョブズは、最終的に四つの製品に絞り込み、組織の徹底的なスリム化を断行、アップル再生への一歩を踏み出した。こう言っている。

「何かに絞り込むということは、イエスではなくノーと言うことだ」

ただし、「楽な仕事じゃなかったよ」とも述懐している。

ジョブズは製品開発においてもノーを言う。

新製品には新機能を盛り込みたがるものだが、ジョブズは違っている。技術者がつけてあたりまえと思っていても、消費者に不要と思えば平気で外させる。アップルのクール（格好いい）な製品は「イエス」ではなく「ノー」から生まれている。

どの車も移動という意味では
やることは同じだ。
でも多くの人が
BMWに高いお金を払う。

アップルに復帰したジョブズが製品を絞り込んだ基準は、「コンシューマー」「プロフェッショナル」「ポータブル」「デスクトップ」をキーワードにするというシンプルなものだった。一般消費者またはプロユーザーを対象にした二種類のノートパソコンと二種類のデスクトップである。

ビジネスユーザーを相手に安価なコンピュータを売るのではなく、一般消費者とクリエイティブな専門家にとって、多少高くても使いやすいコンピュータをつくるというのがジョブズの主張だった。

「どの車もA地点からB地点への移動という意味ではやることは同じだ。でも多くの人が、シボレーよりもBMWに高いお金を払う」

価格でしか差のつかない同じような製品をつくって、デルやコンパックと戦うのではなく、他社には真似できない第一級の製品をつくって利益を生むということだ。「人と違うものを持ちたい」とか、「クールに見られたい」「少しでも使いやすいものがほしい」といった理由で、少しくらいお金を余分に払ってもいいと考える消費者は少なくない。

そこにマーケットを絞るのがジョブズの成功戦略である。

何かを捨てないと前に進めない。

選択と集中は、「楽な仕事じゃない」ものだ。特に、うまくいっているときや、高い評価を得ているときに、それを打ち切るなど、普通の企業はやるはずがない。少しずつ改良し、長く売ろうとするだろう。

ところがジョブズは、ある時期iPodのなかでいちばんの売れ筋だったminiの生産を打ち切り、薄型の後継モデルnanoを開発している。

「普通の人なら実に最高じゃないか、ここで失敗したら失うものも大きいのだから、あとは安全にやろう、と思うかもしれない。だが、これは僕らにとっていちばん危険な落とし穴なんだ。僕らはもっと大胆にチャレンジし続けなきゃいけない。現状に甘えているわけにはいかないんだ」

ジョブズにおいては、「さらにすぐれたものをつくりたい」という革新的な思いは、安定願望をも上回るのである。基本ソフト「OSX《テン》」のときも、伝統的なスタイルを捨て、「マックからよけいな部分をそぎ落として、デザインを一からやり直す」という決断を下している。ジョブズは言う。

「後戻りできない状況に自分を追い込むんだ。そうすればもうやるしかない」

「何かを捨てないと前に進めない」

手がけなかった製品も、
手がけた製品と同じくらい誇りに思ってる。

企業は規模が大きくなるにつれ、たくさんの製品を手がけようとする。たとえば自動車業界なら、高級車から軽自動車までのフルラインナップをそろえることで多くのユーザーをつかもうとする。その一方で、フェラーリやスズキのように特定の車に集中することで成功するメーカーもある。

ジョブズ不在のころのアップルは前者を志向していた。それに対し、ジョブズは明らかに後者だ。たとえばアップルは個人市場志向であり、法人市場への進出はダメだと、はっきりノーを突き付けている。

「アップルの原点は企業ではなく個人向けのコンピュータをつくることだった。世界はこれ以上デルやコンパックを必要としていない」

また、「他社がやっている」という理由だけで新しい製品に手を出すこともしない。そんな製品のいくつかが成功し、利益を生んでいるのか知れたものではないからだし、革新的な製品が生み出せないからでもある。

「しない」という決断の大切さについて、ジョブズはこう言っている。

「私は、自分たちが手がけなかった製品についても、手がけた製品と同じくらい誇りに思っている」

何につけ、
トップ人材に目をつけることは、
あとあと役に立つ。

ジョブズは「Ａクラス」の人間が大好きだ。アップルに復帰したのも、業績は最低だったが、そこには「予想以上に多くのすばらしい人々がまだ残っていた。本物の一流プレーヤー、死んでも雇いたいと思うような人々がいた」からだと言う。

それほどＡクラスにこだわる理由は、人材の質が少しでも低下すると「おバカの増殖」が起こるからだ。

「Ａクラスの人間だけで会社をつくれば、みんなＡクラスの人間を雇おうとするが、そこにＢクラスが一人まぎれ込むと、そいつが同じＢクラスを集め始める」

やがてＣクラスもまぎれ込み、Ｃクラスも集まり始める。そうなるとＡクラスの人間は嫌気がさして転職するようになり、瞬《また》く間に会社がＢ、Ｃクラスだらけになってしまうというわけだ。だからジョブズは、人材の質を維持すること、すぐれた人材をスカウトすることが自分の役割だと信じている。

「いっしょに働く人材のクオリティ水準を高く保つこと、それが自分の仕事の一つだといつも考えてきた。それは私が個人として貢献できる数少ないことの一つだろう。Ａプレーヤーしか要らないという目標を組織にしっかり植えつけようとするのだ。何につけ、世界のトップ人材に目をつけることはあとあと役に立つ」

私は才能を
バックアップする。

一九八五年、アップルを追放されることになったジョブズは、何カ月も出席していなかった取締役会に出席、決別の辞を述べている。そのときのスピーチの記録は残っていないが、数日後「ニューズウィーク」に次のような話をしており、それと似た内容だったのではないかと言われている。

「僕が得意なのは、才能のある人材を集め、何かをつくることです。アップルの方針をどうこう言うつもりはありません。ただ、僕自身は、何かをつくっていたいのです」

そこから、今後何をやるかと考えた末にたどり着いたのが、次の二つだった。

「有能な人を集めた小さなチームと仕事をすること」

「画期的な新製品をつくること」

そして、新しい居場所とは、五人の有能なメンバーを引き連れての新会社ネクストだった。

ちなみに、ジョブズはピクサーについても、自分の果たすべき役割についてこう明言している。

「私の役割はここにいる才能ある人間たちをバックアップすることだ」

即戦力なんて存在しない。
だから育てるんだ。

アップルとピクサーとでは、ジョブズの役割は大きく違っているようだ。アップルでは非常に細かいところまで口を出すが、ピクサーではすぐれたコンピュータ技術者エド・キャットムルと、天才的アニメーターのジョン・ラセターに制作面を任せ、ビジネス上の交渉といった面倒なことを引き受けている。

そのピクサーは、ハリウッドのなかでは異質な存在だ。ハリウッドでは、売り込まれるストーリーにはお金を出すが、必要な人材はフリーランスで雇用される。それに対し、ピクサーは監督も脚本家もスタッフもみんな給料制の社員であり、ストーリーの持ち込みは原則お断りを貫いている。「アイデアに投資するのではなく、人材に投資し、人材を育て、そこからアイデアを生み出す」のだ。

「我々は、十年をかけ、クリエイティブな人材とテクニカルな人材を育ててきた。外部から気軽に調達できるもんじゃないんだ。即戦力になるような人材なんて存在しない。だから育てるんだ」

こうしたやり方はクリエイティブな人間にとって居心地がいいのだろう。ピクサーの世界最高のアニメーション人材は、競合他社からの猛烈なスカウトを断っているし、さらに才能ある人材が次々と集まってきているという。

すぐれた人材には、束ねる重力のようなものが必要だ。

エリート社員を大量に抱える企業が革新的な製品をつくるとか、市場の圧倒的なリーダーになることは、案外少ない。むしろ、非エリート社員の企業のほうが革新的だったり、リーダーシップを発揮したりするものだ。ただし、その企業も、エリート社員が増えるにつれて少しずつ革新性をなくし、活力を失っていったりする。

アップルはAクラス社員ばかりをそろえた会社だ。なのに、なぜ革新的な製品で世界をリードできているのか。

その理由を、ジョブズはこんなふうに述べている。

「多くの企業は、すぐれた技術者や頭の切れる人材を大量に抱えている。でも最終的には、それを束ねる重力のようなものが必要になる」

重力とは、簡単に言えばトップの力量だろう。会社の風土も、社員のモチベーションも、会社の未来も、社員と家族の生活も、組織のトップにかかっている。

決断力や先見力といった具体的な能力に秀でたトップなら安心だ。社員の能力をフルに引き出せる。だが、もっといいのは、哲学や理念、情熱のすごさで人を惹《ひ》き付けるトップである。社員から能力以上のものを引き出し、それでいて「ムリだ」「厳しい」と感じさせないからである。

気が長くなるわけじゃない。
どう質問したらいいかが
わかるようになるんだ。

年齢を重ねると、たいていの人は丸くなったり穏やかになったりするものだが、ジョブズには当てはまらないようだ。

ジョブズと仕事をした人は、「二度と嫌だ」と思う人と、「ジョブズがいたから、限界を超える仕事ができた」と感じる人に二分される。ジョブズは周りの人を「現実歪曲《わいきょく》空間」に引きずり込み、奮い立たせ、想像もしていなかったような高みへと到達させる。同時に、納得がいかないと平然とノーを言い、人を罵倒し、プライドをずたずたにする。

年齢を重ねることでジョブズは何が変わったのか。こう語っている。

「(五十歳になると)先のことを考えるようになる。でも、だからといって気が長くなるわけじゃない。どう質問したらいいのかがわかるようになるんだ。やりたいことをすべてできるほど、優秀な人の数は多くない。だから、今は、Aチームに何かをやらせる前に、よく考えるようになった。忍耐強くなったからじゃないんだ」

ジョブズは変わったのだ。だが、決して我慢するとか、忍耐強くなったとかいう変わり方ではない。単に「よく考えるようになった」だけだ。その結果が、最近のヒット連発につながっていると思える。

仕事はチームスポーツなんだ。

二〇〇〇年のマック・ワールドエキスポで、ジョブズはいつものようにすばらしいプレゼンテーションを行った後、「スティーブ、スティーブ」とスタンディングオベーションをする会場に向かって、「みなさんの感謝の心を、アップルの全社員を代表し、受け取らせていただきます」と言い、こんな言葉を付け加えた。

「毎日、会社に行っては、アップルでもピクサーでも、世界中で最も才能ある人たちと仕事をしている。世界一の仕事だ。でも、この仕事はチームスポーツなんだ」

〇七年、iPhoneのプレゼンテーションを終えた後も「この場を去る前に、家族に、アップル社員みんなの家族に感謝したい」と前置きして、こう言った。

「アップルはすごい仕事ができる会社だけれど、そのためには家族のサポートが必要なんだ」

また、ピクサーでは「アートはチームスポーツだ」という合い言葉のもと、みんなで一致協力することを大切にしている。

映画もすぐれた製品も、才能ある人間が協力し、かつ家族のサポートがあってこそできる。その中心にジョブズがいるのは確かだが、さまざまな経験を経て、ジョブズは「チームスポーツ」という言葉と感謝を口にするようになった。

ビジネスモデルはビートルズ。

ジョブズは大の音楽好きで、ビートルズの熱烈なファンでもある。講演でビートルズに言及することもたびたびで、ポール・マッカートニーのコンサートに行ったときにはインタビューに応じたりした。アメリカの報道番組で、こう言っている。

「私のビジネスモデルはビートルズだ。四人はともに自分のマイナス面をセーブし合っていた。互いが互いを補っていたのだ。四人がまとまることで、個々の力を足した以上の力を発揮することができた。ビジネスの世界でも、偉業は個人によって成し遂げられるのではない。チームがまとまることで達成されるものだ」

ただし、ジョブズのチーム運営は「和をもって貴《とうと》し」とするものではない。容赦なくプレッシャーをかけてくる。現場は感情むき出しで、時に罵声も飛び交う。乾いたタオルをさらに絞るようなチーム運営なのだ。だが、部下はジョブズと働くことで、無自覚だった自分の能力が向上していくことを実感し、たどり着いた成果を前に、ジョブズの意図を理解するのだという。

そんなジョブズだから、大好きなビートルズとも法廷闘争は辞さなかった。アップルレコードとアップルコンピュータの「リンゴ」の商標権をめぐる争いだ。二転、三転した裁判は、二〇〇六年、予想を裏切ってジョブズの勝訴で終結した。

絶対に真似のできない、
真似しようとすら思わないレベルの
革新を続ける。

ジョブズが復帰した当時、アップルに生き残る道があるとすれば、「製品まるごとを開発する」やり方を捨てることしかないと見られていた。実際、スティーブ・ウォズニアックも「アップルは今後、ハード部門を捨て、ソフト専業で生きるべきだ」と進言している。だが、ジョブズは「僕たちの天命は、そこにはない」と断固拒否し、では、どうアップルを救うのかと問われ、こう答えている。

「他社には絶対に真似のできない（そして真似しようとすら思わない）レベルの革新を続ける」

「二年前、ハードウエア部門とソフトウエア部門を両方持っていることがアップル最大の弱点とよく指摘されたが、それは間違っている。アップルの最大の弱点は戦略が欠如していたことであり、それはすでに解決した。逆にハードとソフトをともに持っていることは、今やアップルの最大の強みだ。そもそも、ハード部門とソフト部門の両方を持つのは、パソコン産業のなかで私たちだけなんだ」

アップルはハードからソフト、デザインに至るすべてを自前でつくれる最後のパソコンメーカーであり、だからｉＭａｃ、ｉＰｏｄ、ｉＰｈｏｎｅといった革新的な製品を世の中に送り出すことができたのだ。

研究費の多《た》寡《か》など、改革と関係はない。

ＩＴ業界は知的所有権をめぐって、模倣か独創かという係争をつねに抱えている。名機マッキントッシュについても、ゼロックス・パロアルト研究所からアイデアを盗用している。ジョブズは、マッキントッシュのＯＳをマイクロソフトが模倣したと非難したが、ビル・ゲイツからこうやり込められている。

「僕ら二人にはゼロックスというお金持ちの隣人がいた。僕がその家にテレビを盗みに入ったら、もう君に盗まれていたってことなんだ」

しかし、ジョブズは納得しない。アップルとマイクロソフトの業務提携後も、遠慮なく反論している。

「北部（マイクロソフト本社のあるワシントン州）にいる我々の友人たちは、研究開発費に五十億円を費やしているが、どうやらグーグルとアップルのコピーに終わってしまいそうだ」

「研究開発費の多寡など、そんなことはイノベーションと関係はないのだ。アップルがマックを思いついたころ、ＩＢＭは少なくともアップルの百倍の研究開発費をつぎ込んでいた。金の問題ではない。それは人材の問題であり、その意見をどう導き、どこまでその目的を了解することができるかということなのだ」

▼ジョブズ・エポックII　CM「1984」

よく知られているように、伝説のテレビCM「1984」は当初、マッキントッシュの新発売に合わせて企画されたのではなかった。アップルの広告代理店シャイアット・デイが新聞広告用に書いたコピーにすぎなかった。また、アップルが自信満々で送り出したものでもなかった。取締役会はむしろ放映反対だった。

新聞広告としてはお蔵入りになった「1984」がテレビCMになったのは、シャイアット・デイが勝手に絵コンテを描き、それを見せられたジョブズが大賛成したからだ。こうして予算がつき、SF映画の名作『エイリアン』『ブレードランナー』を手がけたリドリー・スコットを監督に映像化が進められた。だが、試作を見た取締役会は、あまりのふできに静まりかえった。マイク・マークラなどは「別の広告代理店を探そう」と提案するありさまだった。

ジョブズはウォズニアックに助けを求めた。彼は「スーパーボウルのときに放映するのにかかる八十万ドルの半分を自費負担してもいいよ」と面白がってくれた。

それもあって放映された「1984」は、視聴率四六パーセントを上げる。その後も米国三大ネットワークや地方局が繰り返しニュースで放映し、広告効果は推定五百万ドルに及んだといわれる。カンヌ国際広告祭のグランプリも獲得したCM作品の栄光は、ジョブズの慧眼《けいがん》に支えられていたのである。

第3章

ジョブズ「すごい口説き文句」を語る

残る一生、
ずっと砂糖水を売っていたいですか？
それとも世界を変えたいですか？

スティーブ・ジョブズの口説き文句のなかでも、一九八三年にジョン・スカリーに放たれた言葉は有名だ。

当時、ジョブズは会長としてマッキントッシュプロジェクトに熱中していたが、同時にアップルが大企業に成長するには経験豊かな経営者が必要だと考えていた。狙《ねら》いをつけたのは、三十八歳でペプシコーラの事業担当社長に就任、翌年にはコカコーラを抜いて同社を全米一位に押し上げたすご腕の経営者ジョン・スカリーだ。

スカリーは、いずれはペプシグループの会長にと将来を嘱望《しょくぼう》されていた。だから、最初は安定した大企業の地位を捨てて、アップルⅡの実績しかない無名のアップルに転じることをためらった。ただ、一方でパソコンの将来性も理解していた。

そんなある晩、ジョブズはスカリーにこう質問したのだ。

「残る一生、ずっと砂糖水を売っていたいですか？　それとも世界を変えたいですか？」

条件もよかった。年俸百万ドル、移籍ボーナス百万ドル、最大百万ドルのストックオプション（自社株購入権）などが提示され、スカリーは挑戦を選んだ。ジョブズは二年後にスカリーによってアップルを追放されるなど夢にも思わなかった。

この地上で過ごせる時間には限りがあります。
本当に大事なことを
本当に一生懸命できる機会は、
二つか三つくらいしかないのです。

ジョン・スカリーを初めて自宅に招いた日、ジョブズは食堂のアンティーク風のテーブルのそばで、こう語りかけたという。

「僕らはみな、この地上で過ごせる時間には限りがあります。僕たちが本当に大事なことを本当に一生懸命できる機会は、たぶん二つか三つくらいしかないでしょう。どのくらい生きられるか知っている人はいないし、僕も知りませんが、でも僕には若いうちに大事なことをたくさんしておかねば、という意識があります」

ジョブズには人並みはずれたスピードへの執着があった。ノーという言葉を受け入れず、なぜ時間がかかるのかが理解できないところがあった。スカリーは、そんなジョブズを見て、「少しでも多く価値あることをしなければならないと、追い立てられるように感じているのだろう」と受け取ったという。

私たちは、経済界やスポーツ、芸能、学術などのトップクラスの人間を雲の上の人と感じ、話などとてもできないと思っているものだ。まして口説くなど想像を絶する。だが、ジョブズにはそんな遠慮はない。だから口説けるし、口説かれれば人間は、なんらかの反応をするものなのだ。イエスであれば万歳だし、ノーでも人脈は残る。要は、遠慮を失うほどの情熱があるかどうかだ。

アップルには
優秀な人材にふさわしい価値があります。

ジョン・スカリーがアップルに移って間もないころ、ペプシグループのトップに君臨するドナルド・ケンドールがジョブズと会うことになった。ケンドールは、こうジョブズを挑発した。

「君は私の最も優秀な部下を連れていってしまいました。払ったお金のもとがとれることを祈ります」

「アップルには優秀な人材にふさわしいだけの価値があります」

ジョブズはそう反論した。ペプシにはその価値がないとでも言いたげだった。

ジョブズは、かつてスカリーにこんな口説き文句も口にしている。

「あなたはアップルにとって完璧《かんぺき》な方だと思うし、アップルも最高の人物にふさわしい会社です」

スカウトするまで、ジョブズは何度もスカリーに電話し、会っている。最初の出会いは、ヘッドハンターであるゲリー・ロッシュの誘いでスカリーがアップル本社に訪ねたときだ。このとき、スカリーに転職の意志はなかったが、これまで誰も成し遂げることができなかった革命を起したアップルとジョブズには大いに興味があった。いい仕事がいい人材を呼ぶプラスの循環の始まりだった。

あなたと僕は未来をつくるんです。

ジョブズとスカリーの関係は、ある時期までは完璧だった。マスコミは二人のことを「ダイナミック・デュオ」と評し、スカリーもこんなことを言っていた。

「アップルの指導者はただ一人です。それはスティーブと私です」

ジョブズも、スカリーは自分のことを本当にわかってくれる人間だと信じた。あるとき、スカリーにこう言ったという。

「あなたのことは、まさに（スティーブ）ウォズニアックや（マイク）マークラと同じように思えます。あなたは会社の（共同）創業者の一人のようです。彼らとは会社を創業したけど、あなたと僕は未来をつくるんです」

これ以上の殺し文句があるだろうか。

アップルはジョブズとウォズニアックのアイデアから始まり、そこにマークラというスポンサーにして経営者が加わることでガレージから上場企業へと成長を遂げた。しかし、ジョブズにとってこの二人は共同創業者ではあっても、ともに未来をつくる人間ではなかったようだ。マッキントッシュによって世界を変えるというジョブズの最大の理解者にして賛同者はスカリーだった。その思いのやけどしそうな熱さと、ほどなく二人が別々の道を歩むことになる現実は、別の話であろう。

ビル、二人を合わせると
デスクトップの一〇〇パーセントを
押さえている。

ジョブズの強烈な交渉力はよく知られている。強く巨大な相手でも、二十代のころから、ひるむことはなかった。ＩＢＭやディズニー相手でさえ、ジョブズはあたかもポーカーでロイヤル・ストレートフラッシュを握ったプレイヤーであるかのように発言し、ほしいものを手に入れてきた。

その交渉の口説き文句をよく示すエピソードがある。

ジョブズがアップルに復帰した当時、コンピュータ業界の覇者はマイクロソフトだった。ジョブズはビル・ゲイツを訪ね、ＭａｃＯＳＸ《テン》向けのソフトウエアを依頼した。ゲイツは乗り気ではなかったが、ジョブズの次の一言には驚かされた。

「ビル、二人を合わせるとデスクトップの一〇〇パーセントを押さえていることになる」

「二人で一〇〇パーセント」は間違いではない。だが、実際にはビルが九七パーセント、ジョブズは三パーセントにすぎない。業界を牛耳《ぎゅうじ》っているのはビルであり、ジョブズなどものの数ではない。なのに、ジョブズはあたかも対等であるかのように言い放つのだ。結局、ビルはジョブズの要求を受け入れた。

「あいつには驚かされるよ、売り込みの天才だな」がビルの感想だという。

優秀だと聞いていたが、
ガラクタばかりつくっていたな。
僕のところで働けよ。

アップルのブランドとしての価値を、ジョブズはこう評している。

「リーバイス、コカコーラ、ディズニー、ナイキなどすばらしいブランドだ。多くの人はアップルをこのなかに含めるだろう。では、アップルとは何だろう？　アップルとは、既成概念の外で思考できる人々のことだ。コンピュータによって世界を変えたい人々、単に仕事をこなすだけではなく、コンピュータで何かを創造したい人々のことだ」

こういう自信があってのことだろうか。ジョブズの口説き文句は、自信に満ち満ちている。それとも、口説き文句とは自信に満ち満ちて言わなければ効果がないということだろうか。

ゼロックスのエンジニアだったボブ・ベルヴィールを引き抜いたときの言葉も、カリスマ的な自信に満ちている。

「優秀だと聞いていたが、ガラクタばかりつくっていたな。僕のところで働けよ」

こんな言葉で口説かれてノーと言う人間はいるのだろうか。

お金は損するかもしれないけど、
自分の会社が持てる
一生に一度のチャンスだ。

一九七六年、ジョブズとスティーブ・ウォズニアックの二人は、アップルコンピュータを設立する十ページの契約書にサインした。

ジョブズがフォルクスワーゲンを売り、ウォズニアックが電卓を売ってつくった資金一千ドルの会社は、大儲けできる規模ではなかった。大きな夢はあったのだろうが、現実は、コンピュータ用ボードを二十五ドルでつくって、五十ドルで売る程度でしかなかった。だから、ウォズニアックは勤務していたヒューレット・パッカード社を辞めるつもりはなく、当初は会社設立にも積極的ではなかった。そんなウォズニアックを、ジョブズはこう口説いたという。

「お金は損するかもしれないけど、自分の会社が持てるよ。自分の会社が持てる一生に一度のチャンスだ」

大学も卒業せず、何の後ろ盾《だて》も持たない二人にとって、自分の会社を持つのは夢のまた夢だったはずだ。だからこそ、この提案はとても魅力的だった。ウォズニアックは、そのときの気持ちを、こう述懐している。

「これには負けた。自分たちがそんなことをすると思っただけで元気が出たよ。すっかりその気になってしまった」

僕には妙案がある。

人を口説くときだけではなく、ジョブズが自分自身を売り込み、意見を通すときのセリフも、使えるものが多い。

ジョブズ追放後、アップルは迷走した。ジョブズを追放したジョン・スカリーが九三年に解任され、マイケル・スピンドラーや、五億ドルの赤字を抱えたナショナル・セミコンダクターを三年で再生したギル・アメリオらがCEOに就任するが、誰も業績を回復できない。身売り話がささやかれ始め、フィリップス、サン・マイクロシステムズが乗ったりした。この時期、アップルとの関係は途絶えていたが、ある日、ジョブズはアメリオを訪ねる。そして、こう激しく迫ったという。

「いいかい、僕にはアップルを救済する妙案がある。アップルにとっては、完璧な製品をつくることにまさる完璧な戦略はないんだ。しかし、誰も僕の言うことには耳を貸してくれようとはしなかった」

完璧な製品、完璧な戦略について具体的な説明はされておらず、実際にそんな妙案があったのかどうかは定かでない。アップルの経営資源である人の活用などを構想していたのだろう。いずれにしても、具体案がなくても「妙案がある」と断定する強い言葉が、やがてアップルを本当に救済するスタートになったのだ。

CEOは私だ。
その私が可能だと考えている。

心をとろかすような甘い言葉を吐いたかと思うと、独裁者のような断定を平気で言う。それがジョブズの口説き方だ。

アップルに復帰したジョブズは、不要プロジェクトの整理を断行するとともに、オンラインショップであるアップルストアの開設などの再建策を打ち続けた。なかでもアップル復活を強く印象づけたのは、一九九八年発売のｉＭａｃである。

モニター一体型のケース、キーボード、マウス、電源ケーブルまで半透明で統一されたデザインと多彩な色使いは洗練されており、一大ブームを引き起こした。低価格でもあり、アップル再生を告げるばかりか、パソコン史にも残る製品だった。

ｉＭａｃの開発は極秘に進められ、ジョブズによる発表会で初めて存在を知った社員も少なくなかった。

開発デザイナーであるジョナサン・アイブによると、ジョブズには、どんな形のどんなコンピュータなのか、はっきりとしたイメージがあったという。しかし、ジョブズには見えても、そこに至る道の詳細は見えてこない。技術者たちはｉＭａｃの製品化を不可能と言い張った。ジョブズはその反対をこう言ってはねのけた。

「ＣＥＯは私だ。その私が可能だと考えている」

ライバルはいない。

二〇〇一年、シリコンバレーでＤＶＤ編集ソフトの開発会社を経営していた曽我弘氏は、ジョブズから買収提案を受け、二人きりで会っていた。日本の有名企業からの出資がほぼ決まっていたものの頓挫《とんざ》、やむなく売却先を探し、アドビやマイクロソフトからオファーを受けていた。その最中のジョブズからの申し出だった。

曾我氏が「ほかに交渉している会社があるから」と回答を保留すると、ジョブズは会社名を執拗《しつよう》に聞いてきた。「あなたのライバルだ」と答えると、しばらく考えた後、ジョブズはこう言った。

「ライバル？　僕にはライバルはいないよ」

その後、一時間ほどで商談はまとまったという。

ジョブズのライバルはいったい誰だろう。

ジョブズはライバルと戦ってきたわけではない。世界を変えるために戦っているのだ。ライバルなどいるはずがなかった。それが答えだろう。

しかし、この言葉には別の意味もある。相手を圧倒する強烈な自信、どうしても買収したいという激しい執念、ダメだったら君が損するだけだよというかすかな脅し。こういう言葉を、私たちはいつ、誰に吐けるだろうか。

iPodより高いスニーカーがある。

発売当初、ｉＰｏｄの三百九十九ドルという値段は、高すぎると物議をかもした。世界的な大ヒットとなるｉＰｏｄも、リリース直後の評判は決してよくなかったのだ。ＭＰ３プレーヤーでは、すでにｉＰｏｄより大容量のものや小型の製品がｉＰｏｄより安く売られていた。

しかし、アップルは戦線を縮小しなかった。アップルＰＤＡ（携帯情報端末）のニュートンで失敗をしている。機能やデザインはよかったが、価格競争に敗れたのだ。だが、ニュートンが法人市場を対象としたのに対し、ｉＰｏｄは一般消費者市場を対象とするという決定的な違いがあった。

値ごろ感を決めるのは消費者にほかならない。しかも、消費者市場はアップルが得意とする場所だ。デザインとインターフェイスの使い勝手というアップルの付加価値を理解できる消費者がここにはおおぜいいる。発表から間もなく、ウィンドウズ版を発売すると、人気は一気に広がった。

「ｉＰｏｄより高いスニーカーがある」

これは、高すぎるという批判に答えた言葉だ。裏に確たる戦略があるとはいえ、この絶妙の比喩《ひゆ》にはうならせられる。

ユーザーはごまかせません。

ビジネスの説得言葉の一つに「お客様」がある。しばしばジョブズも、この言葉を効果的に使っている。

iPodが青写真段階だったころ、市場には他社のMP3プレーヤーが出回っていたが、使い勝手が悪い製品ばかりだった。それを改善すればヒットする。

iPodはコンピュータ会社アップルには異質の家電製品であり，開発には時間がかかる。一方で、発売は半年後のクリスマスが最適だった。ジョブズは「半年で完成させろ」と指示を出し、金曜に出た試作品を週末にテストしては、月曜に山のように注文をつける猛烈な開発を始めた。

反発しそうなスタッフを、ジョブズはユーザーを口実に説得した。

「問題に向かい合っても、初めに思いつくのはひと筋縄ではいかない解決法で、たいていの場合はそこで中断してしまう。それでもタマネギの皮をむくようにたゆむことなく続けていると、簡潔で当を得た解決に行き当たることが少なくない。多くの人はそこまでは粘らず、根気も続かない。

しかし、ユーザーはごまかせない。求められているのは考え抜かれた製品だと私たちは考えている」

水道からはいくらでもタダの水が出るけど、
みんな金を出して
ミネラルウォーターを買ってるじゃないか。

ジョブズがiPodやiTMS（アイチューン・ミュージック・ストア。現在のiTS）を手がけるまで、音楽業界は「曲をタダで手に入れる」ことのできる音楽関連テクノロジーを激しく敵視していた。そのテクノロジーの代表が音楽共有システムの「ナップスター」だ。膨大な数の曲がダウンロードされ、しかし音楽業界にはいっさいの対価が支払われなかった。

音楽業界はナップスターを著作権侵害で訴えて勝利したが、音楽をタダでダウンロードするシステムはまだたくさんあった。さらに巧妙なシステムが登場し、いたちごっこになる。

とはいえ、合法的なシステムは、楽曲の品ぞろえ、使いやすさ、価格の点などで不満だらけだった。ジョブズが目ざしたのは魅力的で、使いやすく、品ぞろえが豊富で、ユーザーが相応な価格を支払ってもよいネットストアだった。

「水道の蛇口をひねればいくらでもタダの水が出てくるけど、みんなちゃんと金を出してミネラルウォーターを買ってるじゃないか」

ジョブズは五大レーベルと交渉、ストアの品ぞろえを一流にし、価格も使いやすさも備えることで、多くの音楽ファンが正当な対価を払って楽しむ状況をつくった。

▼ジョブズ・エポックⅢ　アップル追放

ジョブズの評価は両極端である。神か悪魔か。カリスマか独裁者か。「いい人」「ソツがない」といった普通の評価がないのが特徴だ。アタリ社にいたときは、技術者に「バカ野郎ども」と平気で言っていた。目をじっと見つめながら話す癖も嫌われた。

日本でいくつか工場を視察したときも「なぜこんなガラクタをつくるんだね」などと悪態をついた。エプソンでは「こんなモノ、糞食らえだ」と社長を面罵《めんば》し、ソニーの工場でも嫌悪の表情を隠さなかった。

アップルではさらにひどい。プロジェクトチームのメンバーに「お前らは人間のクズだ」と言い放って憎しみを買うなど、傲慢不《ごうまんふ》遜《そん》な話にはことかかなかった。

自由な社風だったアップルでは、創業者ジョブズといえども万能ではない。マイク・マークラやマイク・スコットのほうが圧倒的な人望があったのだ。しかもジョブズが主導したマックの販売が、パニックを起こすほど低迷してしまう。

こうして、徐々に、ジョブズ対取締役会という葛藤《かっとう》が生まれてくる。マイク・マレーがジョブズ排除の文書を社内に流すと、ジョブズはそのマレーを巻き込んで新しい社内プロジェクトを計画するといったぐあいだった。

しかし、ついにジョン・スカリーが断を下し、ジョブズは会社を追われることになる。スカリーがジョブズに口説かれてアップルに来てから、わずか二年後のことだった。

第4章

ジョブズ「心の幸福論」を語る

終着点は重要じゃない。
旅の途中でどれだけ楽しいことを
やり遂げているかが大事なんだ。

スティーブ・ジョブズは、コンピュータ、映画業界、音楽、通信の四つの業界で革命を起こしている。代表的な製品が、マッキントッシュ、『トイ・ストーリー』、iPodとiTMS、そしてiPhoneだ。

では、これだけ広い業界をカバーするジョブズの生き方の核心とは何だろうか。浮沈も激しかった人生で、何を求め、何を幸福と感じていたのだろう。

かつてマッキントッシュ開発チームの一員としてジョブズと苦楽をともにし、ネクストジャパンの代表取締役も務めた比嘉《ひが》ジェームスは「さまざまなことに挑戦し続ける彼（ジョブズ）の最終目標は何だろう」と聞かれて、こう答えている。

「彼はよく『Journey is the reward』って言ってますね。終着点は重要じゃない。旅の途中でどれだけ楽しいことをやり遂げていけるか、そちらのほうが大事なんだとね」

確かに、ジョブズにゴールはない。人生はいつだって旅の途中であり、今、ここで自分が何をするかが最大の関心事なのだ。今を大切にしてこそ過去が生きるし、未来が満ちてくる。

ジョブズは禅の心得があるが、「今、ここ、自己」は禅の核心でもあった。

今日が人生最後の夜だったら、会議とこの女性のどっちをとる？

二〇〇五年、ジョブズは医者から、膵臓《すいぞう》がんで余命三～六カ月という宣告を受ける。後でそのがんは手術で治療できるとわかるのだが、ジョブズは何日かを死と直面して過ごすことになった。

ジョブズによると「死は生が生み出した唯一最良のもの」だ。死は古いものを消し去り、新しいものへの道を開く。限られた時間のなかで、自分の時間をムダにしてはいけない。ジョブズは十七歳のとき、「もしあなたが毎日、これが最後の日と思って生きるなら、いつかきっと正しい道に進むだろう」という言葉を知って以来、三十三年間、毎朝鏡を見つめて、こう自問自答してきた。

「もし今日が人生最後の日だったら、今日やろうとしていることをやりたいと思うか？」

ノーの答えが何日も続けば、何かを変える必要があるという。

一九八九年、ジョブズはのちに妻となるローリーン・パウエルと出会っている。夕食に誘いたかったが、先約があり、あきらめた。しかし、すぐに思い返して夕食に誘った。そのときも、ジョブズは自分にこう問いかけている。

「今日が自分にとって最後の夜だったら、会議とこの女性のどっちをとる？」

たいへんな時期だけど、
人生は続く。
続けなきゃいけないんだ。

二〇〇一年のアメリカ同時テロ事件の日、ジョブズはアップル社員にこんなメールを送った。

「みなさんも今日の常軌を逸した悲惨なできごとについて耳にしたと思う。今日は家族といっしょにいたいと思うなら、そうしてくれて構わない。出社して働きたい社員のために、社屋は開けておく」

それから一カ月余り後、ｉＰｏｄの発表会がアップル本社で行われた。一千曲分をポケットで持ち運べる画期的な製品だが、三百九十九ドルという高い価格設定もあり、専門家の見方は懐疑的だった。しかしジョブズは自信満々に、「ｉＰｏｄは、記念碑的な製品になるだろう」と言った。

そしてテロ事件を踏まえ、こう続けた。

「このたいへんな時期にこの製品を発表することができて、僕らみんなが満足してると思うよ。世間の人たちにささやかな喜びを提供できるんじゃないかな」

「今はたいへんな時期だけど、でも人生は続く。続けなきゃいけないいんだ」

アップルからの追放をはじめとするさまざまな「たいへんな時期」を経て革新を続けるジョブズならではの言葉である。

一つのことを、
一生やり続けられると
確信する日がくる。

一九八四年のアップル株主総会は、若きジョブズにとって人生最良の日だった。長年にわたって心血を注いできたマッキントッシュの初披露の日であり、前評判も上々だった。

披露では、マッキントッシュが「持ち上げられないコンピュータを信じることなかれ」と語りかける演出をした。マシンから「誇りを持って、私の父親とも言うべき人物をご紹介しましょう」と登場をうながされたジョブズは、会社の業績などの発表はジョン・スカリーに任せ、お気に入りの歌手ボブ・ディランの詩を朗読している。『時代は変わる』の数行だ。

「ロールモデルの一人にボブ・ディランがいる。子どものころから彼の歌を聴き、立ち止まることのない彼を見て育ってきた。アーティストという人たち、特にすぐれたアーティストは、ある一つのことを、一生やり続けられると確信する日がくるものだ。そして、外の世界で大成功を収めたりする」

これはアップル復帰から数年後の言葉だという。

アップル追放後、ジョブズはこれから何をするかを自問し、製品をつくることが好きで、得意なことだとあらためて思い至ったという。それは今も続いている。

点が将来結びつくと
信じなくてはいけない。
信じるものを
持たなければいけないのだ。

ほかのパソコンが一種類の不格好な書体しか使えなかった時代、マッキントッシュは多様な美しい書体を使えた。そんな驚異的なことがなぜできたのか。ジョブズは、リード大学を退学後も、興味のある授業は受けている。その一つがカリグラフィで、文字芸術に目覚めたという。そのときの知識が、十年後にマッキントッシュをつくるときによみがえったのだ。ジョブズは、知識をマックに取り込んだ。

二〇〇五年、ジョブズは米国スタンフォード大学の卒業式で、有名なスピーチをするが、そのなかでこう当時を振り返っている。

「もし私が大学を途中で投げ出していなければ、カリグラフィの授業に顔を出すこともなかったでしょう。そして、マックでさまざまな書体が選択できたり、字間のバランスが取れたりすることはなかったでしょう。そのような書体を備えたパソコンは世界に存在しないことになっていたでしょう。

大学にいた当時、将来を見据えて点と点を結びつけることは不可能でした。しかし十年後に振り返ってみると、点と点が結びついたことがはっきりとわかりました。点が将来なんらかの形で結びつくと信じなくてはいけません。信じるものを持たなくてはいけません。勇気、運命、人生、業《ごう》、何でもいいんです」

創造とは結びつけること。

創造は、必ずしも無から有をつくり出すことではない。すでにあるものをガラリと改善したり、着想を思いがけない形で組み合わせたりする場合がほとんどだ。だから創造性を発揮するには、多くの経験をして、つなぎ合わせるたくさんの点を持つことが大切だとジョブズは言っている。

「創造性というのはものごとを結びつけることにすぎない。クリエイティブ担当者は……実際には何もしていない。彼らはただ見ただけだ。見ているうちに彼らには、はっきりする。過去の経験をつなぎ合わせ、新しいものを統合することができるからだ。それが可能なのは、彼らがほかの人間より多くの経験をしているから、あるいはほかの人間より自分の経験についてよく考えているからだ」

ただし、多くの人は多様な経験をしておらず、つなぎ合わせる点の数が足らず、問題に対する幅広い視野が欠けた直線的な解決策に終わってしまう。だから創造はまれにしか起こらないという。

ジョブズが、スタンフォード大学で話した「点と点をつなぐ」ことも、同様だと言える。「無から有を」と力まず、リラックスして自由に動いたほうがいい。それがつながれば、創造はおのずから可能になる。

我慢さえできれば、うまくいったも同然なんだ。

iPod開発メンバーにとって、初代マッキントッシュ開発メンバーは、あこがれの存在であるという。二〇〇四年、マッキントッシュチームの一人アンディ・ハーツフェルドが自著の出版記念パーティを開いた際、iPodチームのメンバーは、興奮しながらマッキントッシュチームの面々のサインを求めて走り回ったというからかなりのものだ。

ジョブズにとっても、この二つの開発は思い出深い仕事である。

「僕は、僕らが今アップルでやってること（iPodなど）が大好きだ。アップルがこれまで成し遂げてきたなかでも最高の仕事だと思ってるよ。でも僕も含めて、マックの開発チームにいた連中はみんな、あの当時が自分のキャリアの絶頂期だったと言うだろうね」

なぜ彼らはそこまで真剣になれるのか。ジョブズがこう説明している。

「情熱がたっぷりなければ生き残ることはできない。それがないと人はあきらめてしまう。だから情熱を傾けられるアイデアや問題を持っていなければならない。正したいと思う誤りでもよい。さもないと、こだわり続けるだけの忍耐力が持てない。我慢さえできれば、うまくいったも同然なんだ」

大事なのは
自分の心に素直になることだ。

ジョブズほど「死」を口にする起業家も珍しいのではないだろうか。

スタンフォード大学でのスピーチでも、卒業式という人生の門出の場でありながら死について語り、しかも感銘をもって聴衆に伝えることができるのは、ジョブズならではないだろうか。

アップルの創業と追放、億万長者であると同時に「全米で最も有名な敗北者」になるという落差の激しい人生を歩んできたジョブズの口から死という言葉が語られるとき、今を生きる尊さと大切さがいっそう切実さを増して伝わってくる。

ジョブズは言う。

「人生の時間は限られている。他人の人生を生きてはいけない。そして、いちばん大事なのは自分の心に素直に従う勇気を持つことです」

社会的な成功を収め、あり余る財を成したとしても、幸福は必ずしもそこにはないのである。

「墓場でいちばんの大金持ちになっても意味はない……夜、ベッドにもぐりこんだとき、『すばらしいことを成し遂げた』と、そう自分に言えることが僕にとってはなによりも意味があるのだ」

金のためにやってきたわけではない。
買いたいものなんてすぐ尽きてしまう。

ジョブズがアップルに復帰するに当たって提示された条件は、すばらしかった。現金で三億七千七百五十ドル、株式百五十万株。しかし、ジョブはこれを断る。なぜなら金儲けのためにアップルに帰ってきたわけではなかったからだ。愛する会社を倒産の危機から救いたかっただけだ。だから無報酬でよかった。実際には、社会保障のために無報酬とはいかず、年俸は一ドルに設定された。

もちろん、給料がなくてもやっていける資産があるからだが、ネクストでも給与ゼロ、ピクサーでは年間五十ドルだったし、ディズニーの取締役報酬の六万五千ドルも辞退しているから、やはりジョブズの目的は金ではないのだ。

「二十三歳で百万ドル以上を稼ぎ、二十四歳の時に一千万ドルを超えた。一億ドルを突破したのは二十五歳のときだった。だが、そんなことは大した問題ではない。金のためにやってきたわけではないからね」

そういうジョブズは、わがままな金持ちではあったが、全体的には禁欲的生活を貫いている。マイク・マークラのように自家用ジェットを買うことも、スティーブ・ウォズニアックのように映画館を買うこともなく、こう言っている。

「お金で買いたいものなんて、すぐに尽きてしまう」

フォードだって苦しんだ時期があった。
何でもする。便所掃除だってするさ。

一九八五年、ジョブズはアップル取締役会でジョン・スカリーに手痛い敗北を喫している。販売不振が続くマッキントッシュグループの長から外されたジョブズは、スカリーを追放する策略をめぐらしたがうまくいかず、逆にスカリーによってすべての権限を奪われてしまったのだ。失意のジョブズはヨーロッパへ旅立ち、会社にとって正しいことをしようと殊勝な決意をしている。

「（ローリング・ストーンズの）ミック・ジャガーも言ってるけど、『いつもほしいものが手に入るわけではない。時には必要なものが手に入るんだ』からね。五年前の僕だったら、こんな言葉に耳をかたむけなかったと思う。でも、今はこの言葉の意味がわかる。あの（自動車王の）ヘンリー・フォードだって、一九二〇年代には経営に苦しんだ時期があったんだから。

僕は権力をほしがるような人間じゃない。アップルのことを思っているだけなんだ。すごい製品をつくるため、すごい会社をつくるため、大人になってからというもの、人生のすべてを注ぎ込んできた。これからも、アップルの発展のためなら何でもする。それが床掃除なら床掃除もしよう。それが便所掃除なら便所掃除だってするさ」

擦《す》り傷のついたステンレスを美しいと思う。
僕たちだって似たようなもんだろう？

ある人が自分のｉＰｏｄに、傷防止のカバーをつけていた。それを見て、ジョブズは名画「モナリザ」に牛の糞《ふん》をなすりつけた犯罪者に向けるような視線をその人に向けたという。そして、こう言った。

「僕は、擦り傷のついたステンレスを美しいと思うけどね。僕たちだって似たようなもんだろう？　僕は来年には五十歳だ。傷だらけのｉＰｏｄと同じだよ」

ｉＰｏｄは単に音楽を聴く道具というだけでなく、使いやすさや美しさを含めて愛されている。イギリスの社会学者、マイケル・ブルはこう評している。

「レコード・ジャケットに宿っていた美学は消え失せ、代わりに芸術的工芸品がその依《よ》り代《しろ》となる。美は音楽ではなく、ｉＰｏｄに宿るのだ」

これほどの美しさを実現したｉＰｏｄにわざわざ美を損うカバーをかけるなど、ジョブズには信じられないことだったのだ。

と同時に、この発言の数日後に膵臓がんの診断を受けたこと、またかつてアップルを追放された屈辱を思えば、「僕たちだって似たようなもんだろう？」にはジョブズの人間に対する深い愛情のようなものが読み取れる。「傷ついたステンレスを美しいと思う」は、ジョブズの製品、そして生き方に対する美学なのだろう。

失敗を覚悟で挑み続ける。
それがアーティストだ。

ジョブズがアップルに特別顧問として復帰（翌年に暫定CEO、四年後に正式CEO）した当時、CEOだったギル・アメリオは、ジョブズと「すごいコンビができる」と期待していたという。

だが、ジョブズにとってのアップルは、放置したら死にゆく会社であった。その半面で、ジョブズはピクサーの成功により、ハリウッドという思いもかけない場所での栄光を手にしていた。

追放されたアップルへの復帰はかねて念願していたことではあったが、当時のジョブズにとっては失敗するリスクを持つ危険な賭けでもあった。

「アップルがどれほどひどい状況にあるのかは知らなかったけど、それでも（アップルに戻ることに）『イエス』と言う前に考えなければならないことが山ほどあった。家族への影響や、自分に対する世の中の評価への影響なんかもね」

にもかかわらずジョブズはイエスと返事をしている。理由はこうだ。

「失敗を覚悟で挑み続ける、それがアーティストだ。ディランやピカソはつねに失敗を恐れなかった」

成功に安住するのではなく、挑み続けるのがジョブズの幸福論でもあった。

▼ジョブズ・エポックⅣ　ディズニー抗争

ディズニーは巨大企業だ。世界中で子どもからおとなまでを対象に夢を売るビジネスを展開する。人材はいくらでも集まり、資本は莫大、マーケティングは完璧だった。ピクサーにはカリフォルニア芸術大学出身者が多いが、同大学もディズニーがつくったものだ。

だが、そのディズニーにもなく、ほしくてたまらないものが一つあった。ピクサーのジョン・ラセターの才能である。

なのにラセターはディズニーの招きに応じない。ディズニーは、ピクサーと契約し、資金やノウハウを提供することで間接的にラセターを動かそうとした。ところが、彼のつくった映画は、『トイ・ストーリー』など世界的に大ヒットする。

ここで動いたのがジョブズだった。彼は、ディズニーとの契約が不平等で、おいしいところは全部もって行かれることに不満だった。そこで、ディズニーCEOで帝王と呼ばれたマイケル・アイズナーに契約更改を持ちかける。契約社会のアメリカで、契約継続期間中に「この契約は変だ。私はオリる」などと言い出すなど常識外の行為だ。しかも相手はディズニーなのである。そのうえ、ジョブズの持ち出した新しい契約内容は、今度はディズニーが怒るほどピクサーに有利だった。

ところが、この交渉にジョブズは勝ってしまう。負けて会社を去ったのはアイズナーだった。ジョブズの巧みで傲慢な交渉は、ディズニーをも打ち負かしたのだった。

第5章

ジョブズ「バカと賢者の差」を語る

連中は臆面《おくめん》もなく真似をした。
私たちは臆面もなく盗んできた。

スティーブ・ジョブズは、人を罵倒することで自分の長所を強調するレトリックをよく使う。それがまた効果的なのだ。次の二つの「臆面もなく」という言葉の対比は、それをよく表している。

「連中は臆面もなく真似をした」

二〇〇五年、ウィンドウズ・ロングホーン（発売名はビスタ）のことを聞いたときのスティーブ・ジョブズのコメントだ。ロングホーンは、マッキントッシュの焼き直しだったのである。模倣を軽蔑《けいべつ》するジョブズらしい言葉だと言える。

しかし、アップルにしても新製品をつねにゼロからつくりあげるわけではない。たいていは先行者がいた。たとえばｉＰｏｄには、「パーソナル・ジュークボックス」という先行製品があった。また、マッキントッシュの先端的技術の多くも、ゼロックス・パロアルト研究所に由来している。

アップルは埋もれた技術の価値を見抜き、すごい製品にする点で独創的なのだ。こうしたやり方について、ジョブズは画家パブロ・ピカソの「すぐれた芸術家は真似る。偉大な芸術家は盗む」という言葉を引用した後、こうつけ加えた。

「私たちはいつも偉大なアイデアを臆面もなく盗んできた」

マイクロソフトが
模倣にすぐれていたのではない。
マックが、
模倣のいいカモだったのだ。

マイクロソフトの模倣は下手だった。ビル・ゲイツは「改善」と言いつくろっていたが、アップルとマイクロソフトの著作権をめぐる争いは、一九九五年のアップル敗訴後も続いていた。

ゲイツは歩み寄りを示す。なぜなら、ゲイツにもアップルの価値が見えてきたからだ。ソフトウエア会社オラクルから、のちにアップルの役員となるローレンス・エリソンも「アップルは、コンピュータ業界においてライフスタイルを提供している唯一のブランドだ」とブランド価値を高く評価していた。

だが、そのブランド価値は傷ついていた。ジョブズ追放中の間に、アップルの技術、人材などがほかのコンピュータ会社の格好の草刈り場になっていた。

ジョブズはアップルに復帰してマイクロソフトと和解、提携する一方で、アップル社員に、こう呼びかけた。

「マックを模倣することにマイクロソフトがとりたててすぐれていたわけでない。マックが十年間もの間、模倣のいいカモだったからだ。それはアップルの問題だ」

ブランド価値を回復させ、再建を軌道に乗せるには、今一度、イノベーションによって活力を取り戻さなければならなかった。

あれこれ口を出さないのは我々の見識だ。
他社はあれこれ手を加えて
役立たずにしてしまった。

ｉＰｏｄの世界的成功に、ライバル企業も黙って指をくわえてはいなかった。たとえばデルは二〇〇三年に競合製品「デルＤＪ」を発売している。

デルＤＪは、後追いの有利さを最大限に生かした製品だった。開発研究費がいらないのだから、価格を安く設定できる。ｉＰｏｄの弱点がバッテリー容量にあることがわかっていたから、フル充電でｉＰｏｄ八時間に対し、十六時間の再生を可能にした。販促キャンペーンにも抜かりはない。ｉＰｏｄをデルに送れば百ドルを進呈するという露骨なやり方だった。

しかし、それでもデルＤＪはｉＰｏｄを追い落とすことができず、二〇〇六年に市場から撤退する。

有利だったはずのデルが、「アップル以外のその他のメーカー」というくくりから抜け出せなかったのは、なぜだろうか。

ジョブズは、こんな言葉を残している。

「ｉＰｏｄの音楽ライブラリーについて、あれこれ口を出さないことにしたのは我々が下した大いなる見識の一つだ。他社はあれこれ手を加えてデバイスを複雑にして、役立たずの製品にしてしまった」

ＩＢＭはパソコンを
知性の道具ではなく、
データ処理の機械として売っている。

アップルの草創期、ジョブズはパソコンに限りない可能性を見ていた。主なユーザーのとらえ方も、大学生、中間管理職、教育程度が高く進歩的な家庭など、当時としては広かった。

これに対して、もともとメインフレーム（会社用の大型コンピュータ）が得意なIBMは、単に実用的なビジネスツールと考えていたようだ。だから、ジョブズから見ると、IBMが一九八一年に新発売したIBM PCは、目新しいものは何もなく、かさばって不細工で使いにくいものだった。こう酷評している。

「IBMはまったく間違ったとらえ方をしている。彼らは人間への配慮をしていない。パソコンを知性のための道具としてではなく、データ処理の機械として売っているのだ」

五万台を売るのに、IBM PCは七カ月半を要したのに対し、マッキントッシュはわずか七十日余り。この差は、パソコンに対する基本コンセプトの差だったのかもしれない。

ただしマッキントッシュはその後、販売不振に陥り、ジョブズがアップルから追放される原因となり、業界はIBMではなくビル・ゲイツの支配に落ちていく。

業界にいなくても、
別の何かを彼らは売っているはずだ。

二〇〇七年、ｉＰｈｏｎｅがリリースされたとき、ジョブズはこう言った。

「すべてのものごとを一変させるような革命的な製品が時として現れる。自分が働いているうちにそんなものをつくることができたら、これほど幸せなことはない。アップルは本当に幸運な会社だ。そうした製品を少なからず世に送り出してきた」

ジョブズの目的は世界をあっと言わせ、世の中をよくすることだ。それを可能にするのは、誰もつくっていなかったものをつくることである。そんなジョブズは、かつて他社の経営トップたちをこう評した。

「仮にパソコン業界にいなくても、別の何かを彼らは売っているはずだ」

しかし、自分は違う。

「アップルがある限り、世界はちょっとだけ住みやすくなる」

携帯電話ビジネスは大手通信会社が長く支配してきて、メーカーは、その意向に振り回され続けていた。ジョブズは最大手通信会社ＡＴ＆Ｔとの交渉にみずから乗り出し、アップル有利に話をまとめた。「自分は違う。パソコン業界の人間だ」という自負は、パソコンに限りない愛情を持ち、パソコンの可能性を広げてきた執念と実績から出た言葉に違いない。

製品を知らずに、どうやって客にすすめるんだ？

アップルに復帰したジョブズは、種類ばかり多くてマーケットリーダーと呼べる製品のない惨状を見て、社員にこう問いかけた。「この製品は、どんな点が、どんな客の興味を引き、どんな客が買うのか」と。

驚くことに、誰も答えることができなかった。製品名くらいでしか区別できないのだ。何の特長もない製品をずらずら並べ、「さあ、買ってください」と言っているのが、当時のアップルだった。これでは売れるわけがない。

「自分たちの製品を知らずに、どうやって客に製品をすすめるんだい？　クレージーだよ」

そうジョブズは思い、そこから、製品を四つに絞り込むという再生の道が始まるのだ。ジョブズ自身がすべての製品に注意を払い、助言を与えてこそ、すぐれた製品を生み出せるというのがジョブズの考えだった。

ジョブズは、アップルと他社の違いはパソコンに対する愛情だと感じている。他社の経営トップの多くは、パソコンを金儲けの道具としかとらえていない。だが、ジョブズは心の底から愛している。製品を知らないアップル社員など、ジョブズが許せるわけがなかった。

スカリーが堕落させた。

ジョブズはプレゼンテーションの名人だ。彼の言葉は、アップルに巨大なブランド価値と利益をもたらす。だが、その半面で、悪態をつかせたら右に出る者がいない。それは彼の性格であると同時に、人心支配の武器でもあるのだろう。

ジョブズは、蜜月《みつげつ》を過ごしたスカリーが敵に回ったとたん激しい攻撃を加えた。

「ジョン・スカリーがアップルを堕落させた。トップを腐敗させる価値観をアップルに持ち込んで堕落させた。それでだめになった者もいたが、免れた人間は社外に追いやられ、そのかわりどうしようもない連中を会社に引き入れて、ざっと数千万ドルという金を払った。アップルをなによりアップルたらしめてきたもの、すなわち人々のためによりよきコンピュータをつくることはないがしろにされ、こうした連中の繁栄と富が優先されていった」

完膚《かんぷ》なきまでたたかれたスカリーはジョブズのことをこう評した。

「スティーブはまさに刺激的な存在だ。豊満で、暴虐で、激しく、ないものねだりの完全主義者だ。そして精力的で、構想力があり、カリスマ的で、さらに強情で、譲らず、まったく我慢ならない男だ」

なんだかほめているようでもあり、ジョブズの舌鋒《ぜっぽう》にははるかに及ばない。

間抜けなインタビューに付き合っている暇はない。

ジョブズは記者にとって最も恐ろしく、威圧的で取材しにくいCEOの一人だという。一九九九年、ある著名な記者がジョブズを取材した。彼はアップルの猛烈な信者であり、ジョブズに友好的な記事を書くつもりでいた。

ところが、最初からジョブズは不快そうに見えた。広報から教えられた通りに簡単な質問から始めても機嫌は直らず、ついに、こんなやりとりで打ち切られた。

「四十四歳のあなたが、二十五歳だったときの自分に何かアドバイスするとしたら、何と言いますか？」

「間抜けなインタビューは受けるなと言うね。こんなくだらない話に付き合っている暇はないんだ。僕はとっても忙しいんだよ」

記者はショックを受け、後になって不覚にも涙を流したという。かつて薬物中毒のロックスターの取材をしたことがあるが、ジョブズに比べればまだましだったと述懐している。

アップルはメディアに大量の広告を出す「金づる」でもある。また記事では絶賛も批判もされ続けてきた。そんなジョブズにとって、取材は喜んで応じるものではなく、さまざまな神話を自分で仕掛ける場だったのではないだろうか。

テレビを見ると
僕たちをあほうにしようという
陰謀の匂《にお》いを感じた。

一九五七年、評論家の大宅壮一《おおやそういち》がテレビの低俗性を批判して「一億総白痴化」と言い、当時の流行語になった。

一九五五年に生まれたジョブズも、テレビに同じような感想を抱いていた。

「子どものころ、テレビを見ると陰謀の匂いを感じたんだ。僕たちをあほうにしようという陰謀のね」

多くの人がテレビ好きだった時代、ジョブズはテクノロジーとカウンターカルチャー（反体制文化）の中心地カリフォルニアで思春期を過ごしたことで、音楽とコンピュータを愛し、テレビを嫌ったと言われている。ジョブズにとってテレビは、「最も有害なテクノロジー」であり、それに対してコンピュータは「人類がつくりだした最高の発明品」となるのだ。

ジョブズはかつて「子どもたちは待てない」という合い言葉のもと、全米の小中学校にアップルⅡを寄贈する計画を立て、実際にカリフォルニア州の公立中学校に九千台を配置している。子どもたちには、人を「あほうにしよう」とするテレビではなく、創造力や思考力をはぐくむコンピュータこそふさわしいといった思いもそこにはあったのだろう。

マイケル・デルも未来を予想できるわけじゃない。

ジョブズがデルのコンピュータを「イノベーションの片鱗《へんりん》もうかがえないベージュの箱」と酷評したことから、CEOマイケル・デルとジョブズとの論争が始まった。マイケル・デルは、一九九七年、ジョブズのアップル復帰直後のシンポジウムで「あなたがアップルのオーナーならどのような経営再建を講じるか?」と質問され、数千人の業界関係者の前でこう断言する。

「僕なら会社をたたんで株主に金を返すね」

約九年後の二〇〇六年、アップル株の時価総額は七百二十一億ドルに達し、デル・コンピュータの七百十九億ドルを抜いた。その日の午後、ジョブズはアップルの社員たちに次のようなメールを送った。

「諸君、マイケル・デルも未来を完璧に予想できるわけじゃないってことが証明された。アップルの株価はデルを超えた。株価は明日になればまた変わるかもしれない。だが、今日という日はこれについてしばらく考えてみるだけの意味はあると思う。スティーブより」

たいていの人は現在の延長線上に未来を描こうとする。だが、ジョブズにとって未来は変えるものだった。その誇りが現れたメールではないだろうか。

改悪また改悪。
勝利目前で敗北を引き寄せるなんて。

いい製品は「バケツリレー方式」ではつくれない。気がつけばバケツのなかの水がほとんどなくなっているように、どうしようもない完成品が残るだけだ。

ジョブズは製品がダメになる原因を、モーターショーでのいかした試作車が、見るも無惨な量産車として世に出る例をあげて、こう話している。

「いったい何があったんだ、ということになる。ちゃんとできていたのに。勝利目前でわざわざ敗北を引き寄せるなんて。何があったのかというと、デザイナーたちがこのすばらしいアイデアを思いついた。そこで技術者のところへ持っていくと、『だめだ。できるわけがない』。で、大幅に改悪される。次に製造部門へ持っていくと、『つくれやしない』。で、また大幅に改悪されるという寸法だ」

敗北ではなく勝利を引き寄せるために、ジョブズは製品を順繰りにチームからチームへ送るのではなく、行ったり来たりさせる方法をとっている。しかも、非常に早い段階から、アップルの誇るデザイナーたちが製品開発に関わる。そうすることで最高の製品をつくるのだ。

バカな会社は、みんなが寄ってたかってアイデアを台なしにする。賢い会社は、みんなの協力関係からクールな製品が誕生するということだ。

むかつくものばかりだ。

「むかつくものばかりだ。ゾクっとくるものがまったくない！」

クールでなくてはならないアップル製品がどんどんだめになっていく。アップルの復帰直前になされたこの言葉からは、ジョブズのいらだちが伝わってくる。

ものづくりに対するジョブズのこだわりようは尋常ではない。経営者でありながら一つの製品に拘泥《こうでい》し、組織を飛び越えて微細な点にまで口を出す。

ジョブズは時にアーチストと自称することがあるが、製品は作品であり、作品を前にした芸術家は完成をおろそかにはしないと考えれば、ジョブズの行動にも納得がいく。

半面で、ジョブズの発想は現場で働く者（アルチザン）であり、ギルドの親方のように優秀な人材を周囲に集めることに躍起《やっき》にもなっていた。

だから、アップル再建の可否は、すべて人材にあった。アップル復帰時の経営資源は本当に乏しかったのだ。人材も枯渇していたと考えられていたが、鉱脈はまだ息づいていた。

たとえば、のちにｉＰｏｄのデザインを担当するジョナサン・アイブなど、驚くほど優秀な人材がまだ残っていたのである。

ミーレ社の製品ほど
ゾクゾクさせられたものはない。
本当に考え抜いている。

罵倒することで自分の長所を際だたせるジョブズだが、時には人をほめることで何らかのメッセージを伝えることもある。

ミーレ社はドイツの家電メーカーで、一八九九年に三十歳の若者二人によって創業された。牛乳からクリームを遠心分離する機械から出発し、その技術を応用して洗濯機の製造を始め、やがて掃除機、食器洗浄機でも評価を高めていく。特徴は、きわめて洗練されたデザイン性だ。ムダを排したドイツ流の質実な機能美を感じさせる。ジョブズが惹かれたのも、デザインのすばらしさである。

「ミーレ社はプロセスというものを本当に考え抜いている。洗濯機も乾燥機もミーレ社のすぐれたデザインの産物だ。ハイテク製品はここ何年も見てきたけれど、ミーレ社の製品ほどゾクゾクさせられたものはない」

アップルも、デザインで評価を高めた。見えないところにも手を抜くことを許さないジョブズの完璧主義は、アップルのデザイン思想そのものである。

ちなみに機械工だったジョブズの養父ポールは、車の修理で臨時収入を稼いでいた。そのせいかジョブズも大の車好きで、ポルシェやベンツといったドイツ車を好む。マッキントッシュのデザインにも「ポルシェのように」という注文をつけた。

▼ジョブズ・エポックⅤ　死と向き合う

ジョブズのスタンフォード大学でのスピーチはあちこちで引用されるほど感動的だ。それは、彼が一度は死と向き合ったからこそだと思う。スピーチでこう言っている。

「二〇〇四年、朝にスキャンを受けた私は、膵臓がんだと診断された。

医師は『これは治療不能な種類のがんだ』と言い、三カ月から六カ月以上の寿命は望めないと告げた。そして家に帰って身辺整理をするよう助言した。『死にじたくをしろ』という意味だ。子どもたちに十年間で言っておきたいことがあるなら、今のうちに数カ月で伝えておけ、ということだ。自分の家族がラクな気持ちで対処できるように万事を準備し、さよならを告げろ、ということだ」

ジョブズは診断結果を丸一日抱えて過ごした。しかし、夕方の再検査で、診断は誤りで、がんは治る種類のものだったと知る。ここから次のような人生観を導き出している。

「死は古いものを一掃して新しいものに道筋をつくっていく。今この瞬間、新しいものとは、ほかならぬ君たちのことだ。しかし遠くない将来、君たちも古いものになって一掃される日が来る。

君たちの時間は限られている。だから自分以外の誰かの人生を生きてはいけない。その他大勢の人の雑音に自分の内なる声、心、直感をかき消されないことだ。自分の内なる声、心、直感は、君がほんとうになりたいことが何か、とっくの昔に知っているんだ」

第6章

ジョブズ「どん底からの脱出」を語る

いつか金の壺《つぼ》が見つかると思っていたが、
それが偽物《にせもの》じゃない保証はなかった。

人生は成功だけ、失敗だけということはあり得ない。勝敗、得失、泣き笑いが縄のようによじれ合っているものだ。特にジョブズの浮き沈みは落差が激しい。彼がどん底で何を考え、どう行動したかには、大いなる説得力があるに違いない。

たとえば一九八四年に登場したマッキントッシュの場合はどうか。

一方で「おもちゃだ」という辛辣《しんらつ》な批評を浴び、ジョブズ追放の原因をつくることにもなった製品だ。しかし、ウィンドウやアイコン、マウスなどを初めて搭載し、世界を変えるほど偉大な製品でもあった。ジョブズがマッキントッシュ開発に参加を決めた八一年からの三年間は「世界を変える」戦いでもあったと言える。

しかし、それは先の見えない戦いでもあったと言う。

「月に一度しか動かないコンパスを頼りに、ジャングルを歩くようなものだった。行き先は川なのか山なのか、蛇の巣なのか見当もつかない」

「いつか金の壷が見つかると思っていたが、それが偽物じゃないという保証はどこにもなかった」

「人生最高の仕事になりそうだ」という興奮と、その一方の大いなる不安のなかで馬車馬のように働いたからこそ、見つけた金が本物だったことが証明された。

危機に直面すると、ものごとがよく見えてくる。

アップルに復帰したジョブズは、瀕死の状態から蘇生《そせい》させるために、マイクロソフトのビル・ゲイツと提携する。アップルの知的財産を譲る代わりに、一億五千万ドルの投資などを引き出した。

一九九七年のマック・ワールドエクスポで行われたこの発表はブーイングで迎えられたが、ジョブズは、アップルには何としても守る価値があると信じていた。

「アップルが存在しなかったら、と考えてみてください。来週の『タイム』誌は出版されず、明日の朝、米国の新聞の七割は発行されないでしょう。六割の子どもはコンピュータを持たず、六四パーセントの学校の教師もコンピュータを持たないでしょう。インターネットのウェブサイトも半分以上が存在しないことになります。したがって、アップルは守るだけの価値があるのです」

また、こうも言っている。

「危機に直面すると、ものごとがよく見えてくる。アップルが危うくなって初めて、人々はアップルのない世界がどんなに味気ないものになるか気づいた。マイクロソフトもアップルの存在価値に気づいたのだろう」

強い誇りと愛情。それが危機のジョブズを支えたと見ていいだろう。

川を渡って
別のところへ行く必要はない。
向こう岸が
こちらへ来てくれる。

弱点と見られたことが、時代や環境の変化によって大いなる強みへと変わる。アップルという会社がそうである。

ジョブズが復帰したころは、ハードウエア部門とソフトウエア部門の両方を持つことは弱点として指摘されていた。だが、今日のようにコンピュータと家電の境界があいまいになってくると、ハードウエア、ソフトウエア、マーケティング、デザインといったすべてを兼ね備えたアップルは、きわめて有利になる。

また、コンピュータが法人市場中心だった時代には、アップルが提供する使いやすさやデザイン性は価値が低かった。価格やソフトウエアの豊富さが重要であり、デルやコンパックなどが優勢だった。しかし、一般消費者が市場の中心になった現代では、複雑な技術を使いやすく提供するアップル製品は、少しくらい価格が高くても支持を受けるようになった。

気がつけば、アップルは変わらなかったことで時代にフィットできたのだ。

「この二十年間アップルが注力してきたまさにその場所に、コンピュータ技術と家電市場が集約されようとしている。だから、我々は川を渡ってどこか別のところへ行く必要はない。向こう岸がこちらへ来てくれるのだから」

人生で何をしたいのか、
大学がどう役に立つのか
見当もつかなかった。

ジョブズは一九五五年、カリフォルニア州サンフランシスコに生まれて、数週間後にジョブズ夫妻の養子となっている。

養子縁組の際の条件の一つは、ジョブズを大学に進学させることだった。ジョブズの実の親が、養父のポールは高校中退、養母のクラは大学を出ていないことを知り、一時は養子縁組の書類へのサインを拒んでまで約束をさせた。

ジョブズが選んだリード大学は、優秀で個性的な学生が多い有名カレッジだが、学費の高さでも知られていた。養父母にとって学費の負担は大きかったが、「リードに行けないならどこにも行かない」というジョブズのわがままを受け入れた。

ところが、そうまでして入学した大学を、ジョブズはわずか半年で退学してしまった。理由はこうだ。

「六カ月過ごしたが、大学にいる意義を感じられなかった。自分の人生でいったい自分が何をしたいのかわからなかったし、それを見つけるうえで大学がどう役立つのか、見当もつかなかった」

スタンフォード大学の講演でジョブズはリード大学で中退後に学んだことが役に立ったか語っているが、そのときはまだ点と点をつなげることはできなかった。

前進し続けられたのは、
自分がやることを愛していたからだ。

スタンフォード大学でのスピーチで、ジョブズは自分がアップルを追放されたことに触れ、「アップルからの解雇は私にとって最良のことでした」と言っている。

もちろんそれは回顧談だ。実際には破滅的なことであり、数カ月間はどうしていいかまったくわからなかったという。敗北者としてシリコンバレーから逃げ出すことも考えたが、ジョブズは、再挑戦の道を選んでいる。

再挑戦できたのは、ジョブズが、自分がしてきたことを愛し、どん底にあっても自分を否定しなかったからだ。こうして立ち上げたネクストはアップルへの復帰をもたらし、ピクサーは映画での成功をもたらした。

ジョブズはこう振り返っている。

「人生では時折、レンガで頭を殴られるようなこともあります。それでも自信を失わないことです。私が前進し続けられたのは、自分がやることを愛していたからです。自分が愛せるものを見つけなくてはいけません。これは、恋愛と同様、仕事についても当てはまることです。自分がすばらしい仕事だと考えることをやるのが、本当に満足する唯一の方法なのです。まだそれを見つけていないなら、探し続けましょう」

初恋の女を忘れられないように、
アップルを忘れられない。

「パソコンは人類の持ち得る最高の道具である」と信じているから、ジョブズは現代社会を大きく変える製品を生み出せた。ジョブズを若いころから知っているアスキー創業者・西和彦《にしかずひこ》氏の説だ。こうした熱い思いは、アップルを去るときに報道陣に話した次の言葉に、よく現れている。

「アップルとの関係は初恋のようなものだ。初恋の女を忘れられないように、僕はアップルのことを忘れられないだろう。僕にとってのアップルは、あそこで働く人々の精神のなかに、事業に取り組む哲学と目的のなかにあるんだ。コンピュータが単なる製品という場になってしまったら、ロマンのない場になってしまったら、そこで働く人々が、コンピュータというものが人類最高の発明だということを忘れてしまったら、そのときこそ、僕のアップルがなくなる日だ。逆に、どんなに離れていても、社員がこうした思いを胸に抱き、偉大なパーソナルコンピュータを創ろうとしている限り、僕は自分の遺伝子がそこに生き続けていると感じることができるんだ」

十余年後、アップルに復帰したジョブズは「僕のアップルがなくなった」ことを知り、魂を取り戻すための戦いを開始することとなる。

ある期間、
完全に失敗だと言われ続けることになる。

人間は新しいものに寛容とは限らない。むしろ、見知らぬものには、最初は強い抵抗を示すものだ。「これはすばらしい」「やはりダメだ」と評価が定まるのは、ある程度の時間がたってからである。

ジョブズが世の中に送り出した製品もそうだ。

たとえばマッキントッシュは、最初の百日間で七万台を売り上げたものの、その後は勢いを失っている。あるいはｉＭａｃは、ビル・ゲイツから、「言ってみればカラー革命だ。追い付くのも時間の問題だ」としか見られなかった。ｉＰｏｄも三百九十九ドルという価格に悪評ふんぷんだった。

並みの経営者ならこうした評価の落差に右往左往するところだが、ジョブズの自信は揺らがなかった。

「私はいつも革新的な変化に魅了されてきた。理由はわからない。より困難だからかもしれない。そのほうが精神的ストレスが大きい。そしてある期間、完全に失敗だとみんなから言われ続けることになる」

みんなが賛成するもの、理解できるものが真に革新的であった試しはない。反対を受け、失敗だと言われ続けても強い情熱で進み続けた人だけが革命を起こせる。

コンピュータ業界は死んだ。
マイクロソフトがとっくに
勝利を収めていた。

ジョブズが吐いた珍しい弱音。それは、自分が不在の間にマイクロソフトがアップルの市場を奪ったことに対してだった。独創的なマックOSがウィンドウズに模倣されたうえ、市場も独占されたのではたまらない。なにより、事態を変えようにも変える力がアップルから消え尽きようとしていた。そして、それは自分が生み出したパソコンの終焉《しゅうえん》を意味していた。

「デスクトップ・コンピュータ業界は死んだ。イノベーションなど息を引き取ったのも同然だ。イノベーションとはほとんど無縁のマイクロソフトが業界を牛耳っている。もうおしまいだ。アップルは敗れた。デスクトップ市場は暗黒時代に突入して、あと十年はこんな時代が続くだろう」

そして、こう決意する。

「私がアップルの経営者なら、マッキントッシュの価値を可能な限り利用する。そして、次の実りある仕事に奔走する。コンピュータをめぐる戦争はもう幕を閉じた。決着はすでについている。マイクロソフトがとっくの昔に勝利を収めていた」

発言の年の暮れにアップルに復帰したジョブズは、もはや勝ち負けを離れ、マイクロソフトと提携したのだった。

自分の居場所を自分でつくるんだ。

社内の権力抗争に敗れ、スカリーのクーデターで会社を追われたジョブズの怒りは煮えくり返っていた。

「みぞおちにきれいな一発もらって、まんまと出し抜かれた気分だった。僕はほんの三十歳で、これからもコンピュータをつくり続けたかった。当時の僕は、次のコンピュータの青写真がすでにできていた。だが、アップルにはそれを実現させる機会を提供する気はもはやなかった」

ジョブズは世界で初めてパソコンをつくった人物との評価を得て、あり余る財産と名誉も勝ち得ていた。引退して悠々の人生を送る選択肢もあったはずだ。しかし、それを考えた形跡はない。

それどころか、アップルを去る直前に、こうも語っていた。

「もし、僕が何かをつくる場所がアップルにないのなら、過去二度やったことをもう一度するだけだ。自分の居場所を自分でつくるんだ。アップル創業のときにガレージでしたこともそうだったし、マッキントッシュを始めたときも、いわばガレージでしたことと同じことをしたようなものだった」

人生最悪のできごとをジョブズはこうして昇華《しょうか》させていった。

最初は荒涼としたもので、
あきらめようかと何度も思った。

ネクスト時代、ジョブズはアップルについてこんな発言をしている。

「僕は十年間、何かを築き上げようとしてきたが、大半は壊されてしまった」

自分が大切にする何かがアップルから消えていくことに対する苦々しさを感じさせる言葉だ。それから数年後、ジョブズが復帰したときのアップルの状態はさらにひどいものになっていた。

「想像を超えたひどい状態だった。みんな、長い間、負け犬だと言われ続け、あきらめかけていた。戻った最初の半年は荒涼としたもので、僕でさえ、あきらめようかと何度も思ったくらいだ」

別のところでは、こうも言っている。

「僕が戻る前のアップルは、たとえるなら、泥にまみれたポルシェのスピードスターだったんだよ。すごく汚れて、ただの土くれみたいになっていた」

それでもアップルにはたくさんの資産が残っていた。ジョブズはそれに磨きをかけ、復活させることに成功をした。

「僕たちはこの二年間かけてその汚れを落として、ようやく本当のスピードスターが姿を現した」

僕は三十歳、
まだまだ、成し遂げたいことがある。

アップルを去ったジョブズは、何をすればいいのかと、さまざまな模索を行っている。過去にすごい製品をつくり上げた実績もあるし、若き成功者としての名声、株式売却による十分な資金も手にしていた。

投資ファンドをつくるのではないかといった憶測が飛び交った。一時期は政治の世界への進出も本気で考えたという。

三つの大学から教授にならないかという誘いもあった。しかし、学識経験者になるには若すぎると考えたジョブズは「きっととんでもない先生になりますよ」と言って断っている。結局、「ものをつくるのが好き」なジョブズはアップルの五名を率いてネクスト設立を決意している。

ネクスト設立前に、ジョブズはアップルの共同創立者の一人マイク・マークラに会い、辞表を提出した。そして次の言葉で締めくくった。

「僕はまだ三十歳、まだまだ、成し遂げたいことがあるのです。ここまでいっしょにやってきたのですから、別れも友好と威厳に満ちたものにしようではありませんか」

ジョブズはこんなときでも「もっとすごいもの」をつくろうとしていたのだ。

一年で二億五千万ドルを失ったのは、
自分だけだ。

アップルに復帰してから、ジョブズの人柄は変わったと言われる。愛してやまないアップルを離れ、ネクスト、ピクサーの経営に忙殺された十年余りは、人間としての成熟期だったのだろう。

それは、自分のマイナスポイントすらプラスに変える話しぶりにも見て取れる。ジョブズはさらりとこう言っている。

「(アップル追放によって)一年で二億五千万ドルを失ったのは、自分が知る限りでは私だけだ……人格形成に大きな影響を受けた」

追放以前のジョブズは気むずかしさと奇行が目立ち、独断専行も多かった。当時の社員の一人ローレンス・クレイヴィアは「自分はすでに死んでいる」と暗示をかけてからジョブズと面談したというほどだ。

だが復帰後、アップルはマイクロソフトと協調路線を敷く。かつての好戦的な彼からは想像もできない。

感情を優先させていた追放前のジョブズが、追放の十年に理性を優先させる術を覚えたとき、二億五千万ドルの損失は授業料としてよみがえった。

▼ジョブズ・エポックⅥ　iTMSの誕生

　iPodはすぐれた音楽プレーヤーだが、ハードとしては単なるMP3プレーヤーの一種類だという突き放した見方もできる。

　ジョブズ最大の功績は、iPodとともに、音楽配信サービス・iTMSを生み出したことにこそある。ジョブズがいなければ、ソニー、ワーナー、EMI、ユニバーサル、BMGという五大音楽大手すべてがダウンロードを許可することはあり得なかっただろう。

　そもそも音楽業界は、違法な音楽ダウンロードに困り果て、怒っていた。アーチストとスタッフが莫大な才能と時間、資金を費やしてつくる楽曲が利益をもたらさないのなら、業界は破綻《はたん》である。音楽ファンなら当然それがわかるはずだが、一方でタダで音楽が聴ける魅力には勝てない。こうして違法コピーがはびこり、音楽業界はファンたちに不信の目を向けていた。

　ジョブズは、音楽会社やアーチストを満足させ、音楽ファンも納得できる現在の方法を見つけ、音楽大手会社を説得していった。

　普通はトップ同士が交渉したあとは部下が細かいところを詰めるものだが、ジョブズは細部まで自分でやり通した。問題が非常にナイーブなものであることを知っていたからだろう。

　iPhoneの成功も、大手通信会社と携帯機器メーカーの力関係を逆転させた点にジョブズの功績がある。ジョブズは、単なるハードメーカーでないところにすごさがある。

第7章

ジョブズ「人が動く一言」を語る

言ったことが覚えられないなら、
今すぐやめろ。

スティーブ・ジョブズは、人を動かすカリスマだ。怒鳴り、猫なで声を出し、人格攻撃をするかと思えば絶賛する。ムリを平然と押しつけつつ、理想の旗を高く掲げる。どこまでが性格で、どこまでが戦略なのかわからないし、「その手に乗らない」ことはできない。選択肢は、去るか、死ぬほど働くかだけである。

たとえばアップルに復帰後、ジョブズは再建のために、すべての製品グループと話し合った。大会議室で、前置きなしの説明と質問。席上で誰かが熱心にメモを取っていたところ、ジョブズはこう言ったという。

「私の言ったことが覚えられないようなら、今すぐやめろ」

「メモを取るのをやめろ」ではなく、「会社を辞めろ」の意味だったという解釈もあれば、「大切なことなら覚えているはずだ」という意味であったとも言う。

ジョブズは「船が沈みかけたときに、救命ボートにいっしょに乗せたい」ほどの才能ある社員は大切にするが、そうでない社員には退場宣告を行っている。

「世界のトップレベルでない人材がいるのはつらいものだ。そういう人には退場してもらわなければならない。でも考えてみたら、私の仕事は時としてまさにそれだった。能力のない者を退場させるのだ」

君ができないって言うんなら、
誰か別の人を探さなくちゃ。

ジョブズは基本的に、部下のノーを受けとる人間ではない。

ジョブズと十年以上、仕事をしてきたジョン・ルビンシュタインによると、ジョブズの要求が達成できそうにないときは、理由を説明して代替案を出すと、ルビンシュタインの提案を受け入れてくれることもあるという。

ただし、ジョブズがどうしても譲れないことがらだった場合、こう言われる。

「言いたいことは全部わかった。でも、僕のためにがんばってくれないか」

ルビンシュタインはオーケーと返事せざるを得ない。結局はムリでもがんばることになるのだった。

こうした姿勢は若いころから変わっていない。

マッキントッシュの開発を進めていたとき、技術者の一人が言った。

「スティーブ、無理だよ。あんまり複雑すぎる」

「君ができないって言うんなら、誰か別の人を探さなくちゃならない」

それがジョブズの答えだった。

結局はジョブズの思い描く通りのデザインになったという。

月曜日？　冗談だろ？
お前のプリント基板なんだぜ。
動くかどうか
今夜中に確かめたくないのか？

マッキントッシュ開発チームのバレル・スミスが、プリント基板作成に必要な全データを納めたテープを作成、製造業者に発注した。

最初のサンプル基板は、金曜の午後四時半に届いた。バレルは基板を組み上げたが、実際に動かすにはある程度の時間がかかる。その日の夜までにしあげるのは無理と考えた。

そこにジョブズが現れ、こう尋ねた。

「プリント基板が届いたそうじゃないか。動くのはいつごろになりそうだ」

「土曜日か、月曜日にやるか考えているところだ」

すかさずジョブズはこう言った。

「月曜日？　冗談だろ？　バレル。お前のプリント基板なんだぜ。動くかどうか、今夜中に確かめたくないのかよ？　よし、こうしよう。もし今晩中に基板を動かすことができたら、お前と、その周りの連中に、パイナップルピザをおごってやる」

バレルは承諾し、一枚の基板にソケットをはめ込み、ハンダづけを開始した。

マッキントッシュは無理難題をふっかけるジョブズと、週九十時間働くことをいとわない若き天才クリエイターによってつくり出された。

僕のいちばんの貢献は、
本当にいいもの以外には
つねに口を出し続けたことだ。

ジョブズは製品開発にあたり、非常に細かいところまで徹底的にこだわることで知られている。製品発表のリハーサルでも、それはまったく変わらない。

ある発表会のリハーサルで、ジョブズの前で自分の担当パートの練習をした社員は「お前の説明はまったくなっていない。組立て直せないならお前の分は外す」と言われ、大きなショックを受けたという。ただし、何度かやり直した後、本番に臨み、周囲の人からもジョブズからも「よくやった」と言われ、自分の能力を引き上げてくれたことに感謝したという。

また、iＭａｃの発表前日のリハーサルでは、照明の強さや点灯のタイミングに納得がいかず、うまくいくまで何度もやり直させている。そしてすべてがうまくいった瞬間、「これこれ、これだよ。完璧だ」と興奮して叫んだという。

その様子を見ていた「タイム」の記者は、最初はなぜこんな細かい点にこだわるのか首をひねったが、発表会の当日、iＭａｃが登場する瞬間を見ていたく感動し、「彼は正しかった」と納得したという。

ジョブズは完璧主義者だ。頭のなかの「こうあるべき」を極限まで追求する。だからこそ、できあがったものは見たこともない、感動的なものになる。

三カ月なんて頭は持っていない。
一晩で成果を上げてほしい。

ジョブズには並外れたスピードへの執着がある。

ジョブズが若いころに働いていたアタリの創業者ノラン・ブッシュネルが「何かをやるときのスケジュールが月単位や年単位じゃなくて、日単位や週単位なんだ。あれはよかったね」と言っているほどだ。

ジョブズが復帰したアップルにヒューレット・パッカード出身のジェフ・クックが顧客サービスとサポート担当副社長として入社した。ジェフは一九七〇年代後半からアップル製品を使い続けており、ジョブズを崇拝していた。だから人材スカウト会社からの誘いに喜び、十五年間勤めた会社を辞めて転職したのだ。

しかし、待ち受けていたのはジョブズの辛辣な言葉だった。ジョブズはミーティングの席で「サービスとサポート部門は、全員、脳みそが腐ってるぞ」と言い放った。めげずにジェフが変革の三カ月計画を説明し始めると、今度はこう言われた。「それは君のヒューレット・パッカード時代のやり方かもしれないが、僕は三カ月なんて頭は持っていないんだ。僕はね、一晩で成果を上げてほしいんだよ」

結局、ジェフは四カ月でアップルを去ることになるが、それでもジョブズは「並外れたリーダー」だったと信じている。

よけいなことをしなければ、
ものごとはひとりでに進んでいく。

「彼には将来を担う技術をいち早く見極める才能がある。そして自分が描いたビジョンから決して目を離さない。さらには持ち前の行動力と自信によって、ついにはそのビジョンを実現してしまうんです」

マッキントッシュ開発チームの一員としてジョブズと苦楽をともにした比嘉ジェームスによるジョブズ評だ。また、別の人間も、こうジョブズを評している。

「スティーブは、水平線のかなた、数千マイルも向こうを見ることができます。でも、そこにいたるまでの道がどうなっているかは見えないのです。これがスティーブの才能であり、失脚の原因です」

そのせいか、ジョブズはいつもこう言っていたという。

「どうしてみんなわからないのかな？　僕にはよく見えているんだけどなぁ」

ジョブズのマイクロマネジメント（細部まで指示する管理法）は、ここに起因しているのかもしれない。

ただ、ジョブズはせっかちなだけではない。こうも言っている。

「あとは一歩下がってよけいなことをしなければ、ものごとはひとりでに進んでいくものだ」

週九十時間、喜んで働こう。

一九八二年、ジョブズはアップル本社のあるクパチーノの南にある海辺の高級リゾートで、マッキントッシュチームの合宿を行った。合宿には百名近くが参加、ジョブズは黒板に次のような言葉を書いて、メンバーのやる気に火をつけた。

「海賊になろう」

「週九十時間、喜んで働こう」

当時、ジョブズは労働時間が八十時間を切るようなやつは落ちこぼれだと考えていたというからすさまじい。しかし、単に長く働くのは苦痛だが、そこに「世界を変える」「宇宙に衝撃を与える」という熱い情熱があれば、何時間働いたなんてことはどうでもよくなってくる。ジョブズは当時をこう振り返っている。

「僕らは毎週七日間、毎日十四時間から十八時間ぶっ通しで働いた。二年間ずっとね。いや、三年かもしれない。それが僕らの生活だった。でも、みんなそれを楽しんでいた。若かったからこそできたんだろうな」

こうしたすさまじいまでの仕事から生まれたのがマッキントッシュだ。だからこそ、マッキントッシュの開発チームにいたメンバーは自分を含めてみんな、「あの当時が自分のキャリアの絶頂期だった」と誇らしげに語ることができる。

これ以上大きくすることは許さない。
限度だ。

マッキントッシュの設計会議にやってきたジョブズは、持っていた電話帳を机の上に放り投げてこう言った。

「それがマッキントッシュの大きさだ。これ以上、大きくすることは許さない。消費者に受け入れられる限度がそれだ」

メンバーは青ざめたという。当時の最小のコンピュータと比べてさえ、半分の大きさだったからだ。そんな小さな箱に電子回路を詰め込むことは不可能だった。しかし、ジョブズは決してノーという返事は受け取らない。何週間もかけて検討の末、ジョブズの要求通りのものができあがった。

ジョブズは本当に細かいところまで口をはさもうとする。それが技術的にどうだとかにはいっさいお構いなしだ。最終的には「無理をしてやってよかった」ということも多いのだが、開発チームのメンバーにしてみれば、そんな無茶な要求を勝手気ままにされてもとまどうだけのケースがほとんどだ。

とはいえ、ジョブズはしばしば無茶な注文をするが、無茶な注文に応えることで技術は進歩し、若き技術者も成長する面があるのも事実である。

君は有能か？
本当に優秀な人材だけに
仕事をしてほしいんでね。

ジョブズにとって人間は「優秀」か「バカ」かの二種類しか存在しない。働くなら優秀な人材だけを集めたいと考え、そのためなら手段は問わなかった。

ジョブズがマッキントッシュプロジェクトに関わるようになってしばらく経ったころ、アンディ・ハーツフェルドはジョブズからいきなりこう言われた。

「君は有能か？　我々は本当に優秀な人材だけにマックの仕事をしてほしいと思っているんだが、君が十分に有能かどうか知らないんでね」

「かなり優秀だと思っています」とアンディは答え、マックの仕事をしたいし、すばらしい仕事ができると思うと答えた。二、三時間後、アンディが自分の仕事をしていると、ジョブズがやってきて、「いい知らせがある」と言った。

「君は今からマックチームで働くことになった。僕といっしょにくるんだ」

アンディが今やっている仕事があるので、月曜からと答えたところ、ジョブズは

「そんなことで時間を浪費するな」と言うなり、アンディのコンピュータの電源を引き抜き、自分の車に全部を乗せてオフィスへと連れて行った。

「これが君の新しいオフィスだ。マックチームにようこそ」

アンディはマックチームの一員となった。

すぐれた仕事をできないのは、
そう期待されていないからだ。

「スティーブにハッパをかけられると、自分一人じゃやれないと思っていたことができる」とは、ネクストとアップルでジョブズと働いたジョン・ルビンシュタインの言葉だ。ジョブズは細部にこだわり、いつもプロジェクトチームのメンバーに無理難題をふっかける。マックのソフトウエア開発が間に合わないと訴えるメンバーには、ジョブズはチームがいかにすぐれているか、アップルのみんながいかに期待しているかを話し、こう締めくくると電話を切ってしまった。

「ソフトウエアチームが頼りだ。やればできる」

ところが、この一言で、ぶっ倒れる寸前のメンバーは息を吹き返し、ソフトウエアを完成させている。iＰｏｄの試作品にも毎週、無理な注文をつけ、最高の製品へとしあげている。そこにはジョブズなりの考えがあった。

「人がすぐれた仕事をできないのは、たいていの場合、彼らがそう期待されていないからだ。誰も本気で彼らのがんばりを期待していないし、『これがここのやり方なんだ』と言ってくれる人もいない。でも、そのお膳立てさえしてやれば、みんな自分で思ってた限界を上回る仕事ができるんだよ。歴史に残るような、本当にすばらしい仕事がね」

君たちは技術と文化を
融合させるアーティストだ。
芸術家は作品にサインするものだ。

ジョブズは、芸術的創造と技術的創造は同じコインの両面であると考えていた。そして、社員に「君たちは技術と文化を融合させるアーティストだ」だと言い、こう伝えている。

「二つ（芸術と技術）が別のものだとは思わない。レオナルド・ダ・ヴィンチは偉大な芸術家、偉大な科学者だった。ミケランジェロは採石場での石の切り出し方を実によく心得ていた。私が知る最高のコンピュータ科学者はみんな音楽家だ。実力はまちまちだが、全員がそれを人生の重要な一部と考えている。どんな分野であれ、そこでナンバーワンの人たちは、自分が枝分かれした木の一つの枝だとは思わないだろう。彼らはさまざまなものごとをまとめあげる人間だ」

一九八二年のマッキントッシュの完成時も、ジョブズは、

「芸術家は自分の作品にサインするものだ」

と言い、チームメンバー全員に大きな紙にサインをさせた。それをネガフィルムに撮影、マッキントッシュのケースの内部に転写したのだった。

こうした製品に対する深い愛情はジョブズだけが持つものであり、それがほかのコンピュータメーカーとの大きな違いでもあった。

偉大な大工は、見えなくても
キャビネットの後ろに
ちゃちな木材を使ったりしない。

ジョブズの細部に対するこだわりを示すエピソードは多い。

ネクスト時代、コンピュータ内部の基盤に巧妙で視覚的に美しいデザインを求められたデザイナーの一人が「いったい誰がなかまでのぞくんですか」と質問したところ、「僕がのぞくのさ」が答えだった。

ウェスト・コースト・コンピュータ・フェアで初めてアップルⅡが披露されたときのこと。美しくしゃれたプラスチックケースを開くと、なかから六十二個のチップとICを詰め込んだウォズニアック会心のマザーボードが現れたが、そのハンダづけのラインはすべてまっすぐという芸術的なしあがりだった。誰がやったか。もちろんそれを強硬に主張したのはジョブズだった。

マッキントッシュ開発の際にもこうしたこだわりは発揮された。ジョブズはマザーボードのデザインを「醜い」と感じ、チップや回路をもっと魅力的な配置にしたいと主張した。技術者たちは当然のように「マザーボードをのぞく人など誰もいない」と反論したが、ジョブズはこう言ってがんばった。

「偉大な大工は、たとえ見えなくてもキャビネットの後ろにちゃちな木材を使ったりはしない」

ベストを尽くして失敗したら、
ベストを尽くしたってことさ。

一九九六年にジョブズは願っていたアップルへの復帰を果たすが、ジョブズがギル・アメリオに復帰の後押しを依頼した九五年当時とは、状況は大きく変化していた。

その間に、ジョブズのもう一つの会社ピクサーが制作した『トイ・ストーリー』が世界的に大ヒットした。その株式公開により、ジョブズは再び大金持ちの地位を取り戻していた。業績が低迷するアップルへの復帰は、ある評論家がジョブズをCEOに選ぶのは最悪だと前置きしたうえで、「そうなったらジョブズはアップルの誕生にも臨終にも立ち会ったトップという栄誉を担うことになる」と評しているほど、ジョブズにとって非常に危険な賭けとなっていた。

にもかかわらず、ジョブズはアップルへの復帰を決め、翌九七年には暫定CEOへの就任も承諾している。ジョブズは復帰に際し、失敗なんかしたくないし、考えなければならないこともたくさんあったと前置きしたうえで、こう話している。

「でも結局、そんなことはどうでもいいと気づいたんだ。だって、これこそが、自分がやりたいことだったんだから。ベストを尽くして失敗したら、ベストを尽くしたってことさ」

謝辞&主な参考資料

本書の執筆と出版には秋山勝氏、PHP研究所の中村悠志氏、アールズ株式会社の吉田宏氏のご尽力をいただいた。心より感謝申しあげる。また、元アップル社員の竹内一正氏にも多くの示唆を頂戴した。記してお礼申し上げる。

次の書籍、雑誌を参考にさせていただいた。いずれも労作であり、深く感謝をいたしたい。引用文は、右ページ（見出し）では簡略化したが、左ページ（本文）では原文を再掲してある。文字づかい等はこちらで統一した。英文原書から直接訳した場合もある。

ウェブサイト資料は、米国版ウィキペディアとウィキクォートをポータルサイト的に使って出典に飛び、英文を訳出したものが多い。すでにリンク切れになったものもある。

【書籍】『スティーブ・ジョブズ　偶像復活』J・ヤング+W・サイモン　井口耕二訳　東洋経済新報社／『スティーブ・ジョブズの再臨』A・デウッチマン　大谷和利訳　毎日コミュニケーションズ／『スティーブ・ジョブズの流儀』L・ケイニー　三木俊哉訳　ランダムハウス講談社／『ジョブズはなぜ天才集団を作れたか』J・L・クルークシャンク　徳川家広訳　講談社／『アップルを創った怪物』S・ウォズニアック　井口耕二訳　ダイヤモンド社／『アップル――世界を変えた天才たちの20年』J・カールトン　山崎理仁訳　早川書房／『アップル・コンフィデンシャル』（2.0英文・2.5J訳書）O・リンツメイヤ

ー+林伸行　アスペクト／『アップル　薄氷の五〇〇日』G・アメリオ+W・サイモン　中山宥訳　ソフトバンク／『スカリー』J・スカリー+J・バーン　会津泉訳　早川書房／『ピクサー流マネジメント術』E・キャットマル　小西未来訳　ランダムハウス講談社／『メイキング・オブ・ピクサー』D・プライス　櫻井祐子訳　早川書房／『iＰｏｄは何を変えたのか?』S・レヴィ　上浦倫人訳　ソフトバンククリエイティブ／『アメリカン・ドリーム』M・モーリッツ　青木栄一訳　二見書房／『レボリューション・イン・ザ・バレー』A・ハーツフェルド　柴田文彦訳　オライリー・ジャパン

【雑誌】 PRESIDENT 1999-5-20 2000-6-20／AERA 2005-11-21 2005-9-18／NIKKEI BUSINESS 1999-3-8 WIRED Feb.1996／Newsweek 1985-09-30 1997-3-26 1998-5-20 2001-1-17 2003-10-27 2006-10-14／Playboy Sep.1987およびPlayboy Interview（初出「The Sun Francisco Examiner」1998-12-13）／The New York Times 2006-1-16／The Wall Street Journal Summer 1993／Fortune 1995-9-18 1996-2-19 1998-11-9／Business week July.1997／TIME 2005-10-24／

【他】 Wikiquote（http://en.wikiquote.org）／Wikipedia（http://en.wikipedia.org）／ウィキペディア（http://ja.wikipedia.org）／NHK「クローズアップ現代」2001-3-29／PBS : *Triumph of the Nerds* ; *The Rise of Accidental Empires* 1996／CBS : 60 Minutes 2008-12-12／CNet News（http://news.cnet.com）2005-4-21

本書は、書き下ろし作品です。

著者紹介
桑原晃弥（くわばら　てるや）
1956年広島県生まれ。慶應義塾大学卒。業界紙記者、不動産会社、採用コンサルタント会社を経て独立。転職者・新卒者の採用と定着に関する業務で実績を残した後、トヨタ式の実践、普及で有名なカルマン株式会社の顧問として「人を真ん中においたモノづくり」に関する書籍やテキスト、ビデオなどの企画、編集を行なっている。
著書に『「トップアスリート」名語録』（ＰＨＰ文庫）、『自分の見せ方が上手い人、下手な人』（成美堂出版）、『転職する人のための履歴書・職務経歴書・添え状の上手な書き方』（明日香出版社）などがある。

ＰＨＰ文庫　スティーブ・ジョブズ名語録
人生に革命を起こす96の言葉

2010年８月18日　第１版第１刷
2011年11月１日　第１版第10刷

著　者　桑　原　晃　弥
発行者　安　藤　卓
発行所　株式会社ＰＨＰ研究所
東京本部　〒102-8331　千代田区一番町21
文庫出版部　☎03-3239-6259（編集）
普及一部　☎03-3239-6233（販売）
京都本部　〒601-8411　京都市南区西九条北ノ内町11
PHP INTERFACE　http://www.php.co.jp/
組　版　朝日メディアインターナショナル株式会社
印刷所
製本所　図書印刷株式会社

© Teruya Kuwabara 2010 Printed in Japan
落丁・乱丁本の場合は弊社制作管理部（☎03-3239-6226）へご連絡下さい。
送料弊社負担にてお取り替えいたします。
ISBN978-4-569-67520-6

PHP文庫好評既刊

素直な心になるために

松下幸之助 著

人が本来持っている「素直な心」を養い、高めるには？　著者の長年の体験と鋭い洞察から生まれた、素直な心になるための貴重な指針の書。

定価五四〇円
（本体五一四円）
税五％